Wie Sie beim Altern ganz sicher scheitern

Uwe Böschemeyer

Wie Sie beim Altern ganz sicher scheitern

ecoWIN

FSC
www.fsc.org
MIX
Papier aus verantwortungsvollen Quellen
FSC® C020353

Gesetzt aus der Palatino, Brandon Text Bold

Medieninhaber, Verleger und Herausgeber:
Red Bull Media House GmbH
Oberst-Lepperdinger-Straße 11–15
5071 Wals bei Salzburg, Österreich

Satz: MEDIA DESIGN: RIZNER.AT
Printed in Slovakia
ISBN 978-3-7110-0113-9

1 2 3 4 5 6 7 8 / 20 19 18 17

Für Jane

Inhalt

1. Vorwort

Alt ist wie jung – nur besser

Zunächst, meine Damen und Herren, habe ich mich innerlich gesträubt, dieses Buch zu schreiben. Warum? Weil mir mein Verleger Dr. Hannes Steiner den Titel *Wie Sie beim Altern ganz sicher scheitern* nahezubringen versuchte. Er ging zwar dabei behutsam vor. Mir schoss jedoch durch den Kopf: Das also soll mein letztes Buch werden! Ich schwieg längere Zeit, sah ihn etwas ungläubig an, dachte, er hält mich für ein Auslaufmodell. Doch dann ging etwas in mir vor, das ich noch nie erlebt hatte. Es war, als hätte ich einen wunderschönen Berggipfel gesehen, der mir bislang verborgen geblieben war. Die Ideen sprudelten nur so. Bis in den späten Abend hinein notierte ich, was mir einfiel, und sagte meiner Frau voll Begeisterung: »Das ist mein Buch!«

Vom ersten Tag an werden wir älter. In Kindheit und Jugend scheint Älterwerden ein Gewinn zu sein, weil wir, durchpulst vom Glück der Entfaltung, gelockt von 1000 Hoffnungen, das Leben vor uns sehen, als wäre es die Ewigkeit, ein Land ohne Grenze.

Doch irgendwann wird für viele das Älterwerden zum Problem, wenn mit dem Ablauf der Zeit nicht mehr so viele Jahre bleiben und sich konkrete Nöte und Einschränkungen einstellen: Krankheiten, Einsamkeit, Gefühle der Wertlosigkeit, des Angewiesenseins auf andere, Angst vor dem Tod etc.

Doch muss das alles und immer so sein? Manches ja, vieles nicht, wenn, ja wenn wir uns vorbereiten auf das, was kommt, wenn wir heute so leben, dass wir auch in den späteren Jahren davon Gewinn haben werden.

Man braucht ein ganzes Leben, um jung zu werden lautet der Titel eines Büchleins,[1] das ich von meiner Tochter geschenkt bekam. In ihm wird in vielen Texten von den Herausforderungen eines langen Lebens erzählt. Besonders aber rühmen Philosophen, Literaten, alt gewordene große Persönlichkeiten das Leben selbst. Sie sind davon überzeugt, dass Alter nicht nur älter werden, sondern immer auch Erneuerung, Entwicklung, Wandlung bedeutet.

Man braucht ein ganzes Leben, um jung zu werden. Wie mich dieser Satz begeistert! Aber ist das so?

»Nein!«, werden viele sagen.

»Ja!«, setze ich dagegen.

Zugegeben, mein Körper altert. Er ist inzwischen 77 Jahre alt. Mein Geist aber altert auf seine eigene, ganz besondere Art. Er wird weiter, weiser, tiefer, großzügiger, ja, und lebendiger. Wie sich das auswirkt? Zum Beispiel so, dass ich gelassener bin als früher, dass ich mehr lache, dass ich manches nicht mehr ganz so ernst nehme und eine bis dahin nicht gekannte Neugier entwickle, viel mehr noch als bisher vom Leben kennenlernen zu wollen. Gewiss, ich kenne auch die Müdigkeit, von der manche meiner Klienten sprechen, zum Beispiel dann, wenn man von mir zu viele Dinge erwartet, die ich gern Jüngeren überließe, oder wenn die Kette der schrecklichen Nachrichten aus aller Welt nicht abreißt. Und doch: Ich wünsche mich *nicht* in frühere Zeiten zurück, weil ich heute meinem Leben viel näher bin als früher.

Auch eine alte 80-jährige Dame würde der Aussage, der Geist altere auf seine ganz besondere Weise, zustimmen. Ich lernte sie in einer Seniorenakademie kennen, in der ich ein Seminar hielt. Ich sehe sie noch heute vor mir. Ihren Namen habe ich vergessen, ihre Erscheinung nicht: ihre blitzenden Augen und den gütigen Charme auf ihrem Gesicht, ihre trotzige Ehrlichkeit und ihre befreiende Bescheidenheit, ihren Wissensdurst und die fast waghalsige Lust, mit der sie Klarheit in ihr Familienleben brachte. Sie hörte nicht auf, innerlich zu wachsen, sich auszuformen, rund zu werden. Und nun kommt mir auch wieder ihr Tanz im großen Park in Erinnerung, dieser Tanz mit dem Wind und der Freude, mit der Leichtigkeit und dem Leben.

Ich erinnere mich an einen alten Text, den ich vor vielen Jahren nach meinem ersten Besuch im Altersheim und der für mich überraschenden Begegnung mit vielen junggebliebenen älteren Menschen dort in mein Tagebuch schrieb: »Manchmal, wenn diese lieben alten Nervensägen so völlig verrückte Dinge tun, ahne ich, dass langsam alt und weise zu werden nicht weit entfernt sein muss von langsam alt und verrückt zu werden – und vielleicht ist das ja das Jungsein des Alters, und das muss doch nicht schlecht sein, oder?«

Woran denken Sie, liebe LeserInnen, wenn Sie ans Älterwerden denken? Ich hoffe, dass Sie nicht nur an Ihre künftig vielleicht nicht mehr so straffe Haut denken, Ihren unsicher werdenden Gang, ans mögliche Kranksein (mit alledem kann ich auch dienen). Oder denken Sie an das, was Sie einmal nicht mehr haben werden, zum Beispiel Ihren Beruf, den großen Freundeskreis, die Reisen in alle Welt? Oder, nur kurz, an das, woran Sie nicht mehr erinnert werden möchten?

Was ich Ihnen wünsche: Vertreiben Sie die eher dunklen Gedanken nicht. Versuchen Sie, dazu eine bekömmliche Einstellung zu finden. Doch denken Sie auch und vor allem an das neue Lebensgefühl, das sich entwickeln kann! An das Neue, das Sie noch nicht kennen! An *neue* Erfahrungen mit Freiheit, Liebe, Mut, Sinn. Welche Gedanken auch immer Sie bewegen, wenn Sie ans Alter denken: Sie fordern Sie heraus zum Umstellen und Einstellen auf neues Land, das zu Ihnen gehören und Ihnen zu eigen werden wird.

Da höre ich jemanden flüstern: »Der hat ja gut reden. Ob der das Leben wirklich kennt?« Hier ist meine Antwort: Als ich 73 war, beschlossen meine Frau und ich, aus Norddeutschland ins wunderschöne Salzburg zu ziehen. Da lehre und berate ich Menschen, die sich weiterbilden oder ein Problem gelöst haben möchten. Und sonst? Manchmal setze ich mich abends an meinen kleinen Flügel und spiele Melodien, die eine helle Brücke bilden zu einer Zeit, in der ich jünger war als heute. (Ich wäre gern auch Musiker geworden, wusste allerdings nie so recht, ob ich lieber Organist an einer Hauptkirche oder Pianist im Radiotango-Orchester werden wollte.) Meine frühen Jahre waren nicht gerade sonnig. Sie lagen über lange Zeiten im Schatten. Dass daraus einige Irrungen und Wirrungen resultierten, können Sie sich denken. Ich entschied mich für ein Theologiestudium, obwohl ich unter Sprachstörungen litt; ich heiratete, obwohl ich für eine Ehe nicht reif war. Und heute? Ich habe Krebs. Zurzeit hat er offenbar keine Expansionsgelüste. Andere Krankheiten stellen sich auch dann und wann ein, verlieren aber angesichts meiner Grunderkrankung an Bedeutung. Traurigkeiten? Ängste? Sorgen? Doch, schon. Aber ich halte sie in Grenzen. Sie sind wie alles Unangenehme und Schwere, das wir nicht wollen, Herausforderungen. Ich versuche, ihnen nicht auszuweichen. Ich habe liebenswerte Kinder, Enkelkinder und eine Frau, die mit mir »durch dick und dünn« geht. Mein Lebensgefühl? Ich finde mein Leben manchmal ein wenig anstrengend, vorwiegend aber schön, sinnvoll und herausfordernd. Ich bin für vieles sehr dankbar.

Warum schreibe ich dieses Buch?

- Weil ich fürs Leben werben möchte. Fürs Leben jener Menschen, die die zweite Lebenshälfte erreicht haben und sich fragen, wie das einmal sein wird, älter oder gar alt zu werden, und die es angesichts dieser Zeit vielleicht gar nicht leicht haben, Antworten auf ihre Fragen zu finden.

- Werben möchte ich auch für den herausfordernden Gedanken, der auf Erfahrungen gründet, dass vieles, was uns im Leben nicht gefällt, *nicht schicksalhaft* ist, sondern die Folge eines Lebens, in dem Menschen zu ihrem Dasein nicht Ja, sondern Jein oder Nein sagen.
- Schließlich möchte ich Sie alle davon überzeugen, dass Leben sinnvoll sein kann bis zum Tod, weil es *keine überflüssige Zeit* gibt.

Um es gleich vorweg zu sagen: »Alter ist vor allem Ansichtssache. Es gibt schließlich immer wieder ausgesprochen glückliche Neunzigjährige, woraus folgt, dass selbst hohes Alter nicht zwingend zu Verdruss führt, während es andererseits eine Menge außerordentlich unglückliche junge Menschen gibt.«[2]

2. Zwei grundlegende Voraussetzungen für ein gelingendes Leben, auch im Alter

Der eigene Wert des Alters

Menschliches Leben gleicht den Jahreszeiten: die Jugend dem Frühling, die Mitte dem Sommer, die späteren Jahre dem Herbst, das Alter dem Winter. Diese Zeiten, im Jahr und auch im Leben, sind untrennbar miteinander verbunden, bilden eine Einheit in ihrer Verschiedenartigkeit. Sie gehören zusammen. Im Prinzip! Doch während Kinder vor ihrem Geburtstag vor lauter Vorfreude sehr aufgeregt sind, nimmt diese Gefühlsregung bei vielen Menschen bald ab. Offensichtlich ist für viele das Altern ein Problem. Das blieb auch dem großen französischen Philosophen François de La Rochefoucauld nicht verborgen, der in seinen *Réflexions ou sentences et maximes morales* schrieb: »Wenige Menschen verstehen sich darauf, alt zu werden.«

Das galt längere Zeit auch für mich. Ich mochte mir nicht eingestehen, dass ich Grund hatte, mich alt zu nennen. Wenn ich zum Beispiel in der Zeitung las: »Herbert Müller (77)«, dachte ich manchmal bei mir: »So ein alter Knacker!« Dann schämte ich mich dieses Ausdrucks, wurde kleinlaut und gestand mir vorläufig wieder ein, dass die 77 auch zu mir gehört.

Viele lehnen sich gegen das Altwerden auf, nicht so viele denken darüber nach, was Alter überhaupt ist: Ist es eine Frage der Anzahl der Jahre? Ist man so alt, wie man sich fühlt? Gern höre ich, was der berühmte Cellist Pablo Casals sagte, als er 93 war: Alter sei etwas Relatives. Wenn man weiterhin arbeite und für die Schönheit der Welt offen bleibe, entdecke man, dass Alter nicht notwendigerweise altern bedeute, jedenfalls nicht im landläufigen Sinne. Er selbst empfinde in seiner Zeit viele Dinge intensiver als je zuvor, und das Leben fasziniere ihn immer mehr.

Woran niemand ernsthaft zweifeln sollte: Jede Zeit hat ihre eigene Art und ihren eigenen Wert. Keine Zeit ist mit einer anderen vergleichbar. Darum ist jede Zeit gleich wertvoll, voll von Leben – wenn wir sie annehmen als Zeit für uns zum *Leben*. Keine Zeit ist *besser* als die andere. Keine birgt mehr Glück in sich und keine mehr Unglück, weil nicht primär die Zeit, sondern unsere *Einstellung* zu ihr darüber entscheidet, wer wir sind und wie wir leben. Der Auf- und Abbau, den es in *jedem* Lebenslauf gibt, ist keineswegs geradlinig verteilt. Die Entwicklungen greifen ineinander. Leben erneuert und verändert sich auf komplexe Weise. Und jede *neue* Stufe stellt einen Fortschritt dar, jedenfalls den Möglichkeiten nach. Worauf kommt es an?

Die wichtigste Aufgabe an der Übergangsstelle zum Alter ist diese: die verbliebenen, die veränderten und die neuen Möglichkeiten zu verbinden und *ein Ja zur neuen Zeit* zu finden. Die Offenheit für die neuen Möglichkeiten der dritten Lebenszeit werden für den Menschen größer sein, der bewusst von der vorausgegangenen Lebensstufe Abschied genommen und sich auf die neue Zeit vorbereitet hat, innerlich und äußerlich. Und wie macht man das?

Bei jedem Übergang von einer Lebensstufe zur anderen ist das *Loslassen* von größter Wichtigkeit. Es wird von alten Menschen oft in mehreren Bereichen gleichzeitig gefordert (Beruf, Familie, Wohnung, Gesundheit etc.), und das kann schwer sein. Andere dagegen erleben das Loslassen keineswegs als bittere Notwendigkeit. Sie entdecken die beglückende Fähigkeit, loslassen zu *können*. Vieles, was sie einmal begehrt haben, ist nicht mehr wichtig. Was unentbehrlich zu sein schien, erweist sich als längst nicht mehr so bedeutungsvoll wie früher. Menschen entdecken, dass sie in dem Maße, in dem sie loslassen können, neue Freiheit gewinnen.

Ein einfaches Beispiel: Wandern bedeutete für mich früher Freiheit. Diese Freiheit genoss ich reichlich und in vollen Zügen. Mit den langen Wanderungen ist es vorbei. Ich habe zwar noch keine »morschen Knochen«, aber meine Kräfte sind schon eingeschränkt. Der Verzicht fiel mir nicht leicht, denn wir leben im wunderschönen Salzkammergut! Umso mehr staune ich immer wieder darüber, dass ich während der ausgiebigen Autofahrten durch diese Landschaft nur wenig neidisch auf die vielen Wanderer sehe.

Es gibt Fähigkeiten, die man in jeder Lebensphase braucht, die jedoch besonders in der dritten wichtig werden: Im Rückblick auf sein bisheriges Leben können sich dem alten Menschen größere Zusammenhänge erschließen, die ihn aufatmen lassen. Details und Kleinigkeiten treten zurück. Schwierigkeiten von früher gewinnen die ihnen angemessene Einordnung. Leid erhält den ihm zustehenden Stellenwert. Weitsicht ist möglich. Gelassenheit nimmt zu.

Der Geist altert auf seine ganz eigene, besondere Art

Weil der Geist nicht unmittelbar an den Körper gebunden ist, altert er auf seine ganz eigene Art und findet dabei in jeder Lebensphase neue Ausdrucksformen. Die relative Unkenntnis dieser Tatsache ist bedauerlich und führt dazu, dass manche spezifischen Verhaltensweisen des alternden oder alten Menschen einseitig negativ missdeutet werden.

Zweifellos verringern sich zum Beispiel die Leistungen der Sinneswahrnehmungen. Der eine Mensch sieht, der andere hört nicht mehr so gut. Mir selbst fällt seit einiger Zeit auf, dass mein einst ziemlich gutes Gedächtnis ein wenig nachlässt: Ich begegne jemandem, den ich genau kenne, der Name aber fällt mir oft erst während des Gesprächs ein. Und doch! Ich versichere Ihnen: Noch nie habe ich so klar denken können wie jetzt. Ich erkenne Zusammenhänge, die mir erst jetzt aufgehen. Und meine Intuition – auch ein Aspekt des Geistes – lässt mich nicht so schnell im Stich.

Das Nachlassen der Sinneswahrnehmungen hat zur Folge, dass die »Bilder«, die der alte Mensch von der Welt gewinnt, blasser und unvollständiger werden, zugleich aber erscheinen sie ihm durchsichtiger, er sieht sie konzentrierter. Man entdeckt bei Alterswerken bedeutender Maler zwar weniger Einzelheiten, dafür aber kommt das Wesentliche und Wichtige eindeutiger und klarer zum Ausdruck. Details und Kleinigkeiten treten im Blickfeld zurück, die großen Linien treten in den Vordergrund.

Ein beeindruckendes Beispiel für diese Veränderung ist Rembrandts »Die Rückkehr des verlorenen Sohnes«. Er malte dieses Meisterwerk, als er weit über 60 Jahre alt war. Ich sehe dieses Bild immer wieder an, nein, in dieses Bild hinein. Es gehört zu meinem Leben. Der größte Teil des Bildes liegt im Dunklen. Angezogen wird mein Blick vom Hellen. Da leuchtet das gütige Gesicht des Vaters geradezu auf. Ähnliches gilt für seine Hände, von denen die eine Hand männlich (stark), die andere weiblich (warm) wirkt. Davon ein wenig abgerückt zeigt sich hell das verbitterte Gesicht des älteren Sohnes, der die Güte des Vaters dem »Verlorenen« gegenüber nicht begreift.

Der Geist braucht zwar den Körper als Vehikel, doch wenn dieser hier und da seinen Dienst aufzukündigen beginnt, so heißt das noch lange nicht, dass der Geist mit seinem Latein am Ende ist. »Welche Freude«, sagte Gotthold Ephraim Lessing,

»wenn es heißt: Alter, du bist alt an Haaren, blühend aber ist dein Geist.« Und die beiden philosophierenden Autoren Aljoscha A. Schwarz und Ronald P. Schweppe ergänzen spitzbübisch: »… und wer schlau ist, sollte ihn niemals gegen ein paar schnelle Beine oder eine makellose Haut eintauschen.«

Fühlen Sie sich auch jünger, als Sie sind? Vor langer Zeit war ich zu einem Klassentreffen eingeladen. Mein Sohn war bei mir. Weil wir uns verspätet hatten, fanden wir in der Eile nicht den richtigen Tagungsraum. Rasch öffneten wir mehrere Türen. In einer blieben wir stehen. Ich stutzte – und erkannte, dass die in dem Raum tagende Altherrenriege in der Tat die Versammlung meiner Klassenkameraden war. Ehe wir in den Raum gingen, fragte ich meinen Sohn: »Sehe ich etwa auch so aus wie die?« Er nickte tapfer.

Es ist schon merkwürdig – viele alternde Menschen fühlen sich zehn Jahre jünger, als sie sind. Sie haben sogar den Eindruck, dass auch andere sie jünger einschätzen, was stets Frohsinn aufkommen lässt: »Nein, du bist doch keine 65! Ich schätze dich auf höchstens 58!«

Übrigens verwendet ein guter Freund von mir einen ganz eigenen kleinen Trick zur Steigerung seiner Lebensfreude: Gefragt, wie alt er denn sei, schlägt er mindestens fünf Jahre auf sein reales Alter drauf (antwortet also mit »genau 60«, wenn er gerade 55 geworden ist) und freut sich umso mehr über die Überraschung und die Komplimente, die er damit auslöst (»Nein, das kann doch nicht sein, du siehst doch höchstens wie 50 aus!«).

Und es scheint, als ob die, die sich jünger fühlen, als sie tatsächlich sind, länger leben. Das jedenfalls gaben die beiden englischen Wissenschaftler Isla Rippon und Andrew Steptoe vom University College London im Fachblatt *JAMA Internal Medicine* bekannt. Sie befragten 6500 Männer und Frauen über 52 Jahre, wie alt sie sich fühlen. Nach dieser Studie betrug das tatsächliche Durchschnittsalter 66 Jahre, das gefühlte Alter dagegen 57 Jahre.[3] 70 Prozent der Befragten fühlten sich demnach jünger, als sie waren, 25 Prozent korrigierten ihr Alter nicht nach unten, nur fünf Prozent fühlten sich älter. Die Studie erstreckte sich über acht Jahre. In diesem Zeitraum starben 14 Prozent der ersten Gruppe, während in der gleichen Zeit 24 Prozent derer starben, die sich für älter gehalten hatten, als sie faktisch waren.

3. Leben in unserer Zeit – ein Problem?

Vielfältige Veränderungen

Mein Credo lautet:

Die Welt, in der wir leben, ist unsere Welt.
Die Zeit, in der wir leben, ist unsere Zeit.
Das Leben, das wir in dieser Welt und dieser Zeit leben, ist unser Leben.
Diese unsere Welt in dieser unserer Zeit ist beides: unsere Gefährdung und unsere Möglichkeit, zugleich unsere Aufgabe.
Diese Aufgabe können wir annehmen, wir können sie ablehnen.
Doch wenn wir sie ablehnen, verlieren wir alles, was wir haben.

Ich lerne in meinem Beruf viele Menschen kennen. Ich lese Zeitung, sehe und höre, was die Medien berichten. Ich werde den Eindruck nicht los, dass wir in einer Zeit leben, die beunruhigend ist und faszinierend zugleich. Wenn mich nicht alles täuscht, wirkt sich beides auf alle Gesellschaftsbereiche aus. Woher kommen die Unruhe und die Faszination? Ich sehe mehrere Ursachen, die meiner Auffassung nach ineinander verwoben sind:

In keiner Zeit haben Menschen so *vielfältige Veränderungen* erfahren wie in dieser. Die Veränderungen beglücken und bedrücken uns. Wir sind Zeugen

- einer rasant verlaufenden technologischen Entwicklung,
- eines umfassenden Wandels unserer Gesellschaft in eine Informationsgesellschaft,
- einer Internationalisierung des Lebens,
- einer radikalen Veränderung in der Wirtschafts- und Arbeitswelt,
- eines riesigen Angebotes unterschiedlicher Weltanschauungen.

Diese und andere Entwicklungen sind eine nie dagewesene Herausforderung, Leben neu zu begreifen und sich neu darauf einzustellen. Darüber hinaus hat der 11. September 2001, an dem die Türme von New York fielen, das Daseinsgefühl der Menschen weltweit verändert. Die Veränderungen haben für viele dazu geführt, dass sie nicht mehr wissen, wer sie sind und welchen Sinn ihr Leben hat, dass sie nicht mehr wissen, was sie fühlen und wo ihr Platz im Leben ist. Sie kennen sich in ihrem eigenen Leben nicht mehr aus, geschweige denn in der Welt. Doch wer so lebt, ist nicht mit sich eins. Wer nicht mit sich eins ist, ist nicht bei sich, kommt nicht zu sich. Er weiß auch nicht, was für ihn wert- und sinnvoll ist, geschweige denn, wofür er sich begeistern könnte. All das löst tiefgreifende Fragen aus, etwa: Wo führt »das« hin? Worauf kann ich mich noch verlassen? Was muss ich tun, um in dieser Welt zurechtzukommen? Wonach kann, soll und darf ich mich richten? Gibt es Wegweiser fürs Leben, und wenn ja, welche gelten? Welche Werte führen zu einem sinnvollen Leben?

Denken Sie etwa an die *technologische* Entwicklung. Ein Beispiel: Bei der großen Computermesse 2016 in Hannover – man nennt sie CeBIT – waren nicht die bekannten Polit- und Showstars die auffälligsten Besucher, sondern Peppers und Nao. Peppers, ein 1,20 Meter großer Roboter, ist ausgestattet mit einem hohen Maß an künstlicher Intelligenz. Er spricht 20 Sprachen und kann sogar, wird gesagt, den Gesichtsausdruck seines menschlichen Gegenübers deuten. Doch Peppers und Nao (Peppers »Verwandter«) können noch viel mehr. Sie sind in unterschiedlichsten Situationen einsetzbar, so zum Beispiel in der Betreuung von Senioren, die durch sie ein Stück weit unabhängig von anderen Menschen werden könnten. Sie wären für den, der sich positiv auf sie einstellte, wahrscheinlich eine große Hilfe. Möglicherweise würden sie sogar die Einsamkeit alter Menschen zu verringern helfen. Bevor ich mich nun aber über die Roboter aufzuregen beginne, versuche ich, mir den Vorteil vorzustellen, den Peppers und Nao – sie haben sogar Namen! – anzubieten haben: Sie könnten konkret alten Menschen behilflich sein! Aber spätestens bei der Vorstellung, Peppers könne den Gesichtsausdruck eines Menschen deuten, spüre ich meine Nackenhaare: Wieso kann der »deuten«? Und was macht der mit seinen »Erkenntnissen«? Vor allem: Ein Roboter kann doch keinen Menschen ersetzen, keine Beziehung begründen! Er hat doch kein Herz! Alte Menschen brauchen doch *menschliche* Berührungen! Ihnen behilflich sein – das schon. Aber ersetzen? Wie wird diese Entwicklung weitergehen?

Während ich diese Zeilen schreibe, empfinde ich plötzlich einen beunruhigenden Abstand zu den Menschen der jüngeren Generation, die so etwas wie diese Roboter und vieles andere mehr entwickeln können. Zugleich sagt mir mein Verstand, ich sei eben alt und verstehe die Jungen nicht mehr. Doch etwas wehrt sich in mir – und was sich da wehrt, baut mich wieder auf! … Und was?

Der Gedanke, dass Leben und lebendige Geschichte nur durch Veränderungen möglich sind. Dass alles darauf ankommt, ob wir, also auch ich, die Zumutungen, zu denen die Geschichte herausfordert, annehmen oder nicht, ob wir sie abwehren oder uns dafür entscheiden, sie zu gestalten oder mitgestalten zu wollen. Darüber hinaus könnte es ja sein, dass in vielen Neuerungen Möglichkeiten verborgen sind, die unser Leben wesentlich erleichtern könnten. Denn das ist der Fall! Ich denke an die weltweite Vernetzung durch das Internet. Die begeistert mich. Ich schreibe einen Brief in Salzburg, wenige Sekunden später liest ihn jemand in Melbourne. Oder: Es freut mich, dass ich während meiner Arbeitspausen ganz rasch meine Frau über das Smartphone erreichen, dass ich beim Schreiben dieses Buches mühelos einen Abschnitt von Seite 94 auf Seite 24 übertragen kann. Und auch das erweckt in mir Bewunderung und Dankbarkeit: dass die moderne Pharmazie für mich und andere Medikamente entwickelt hat, die Leben verlängern.

Aber manchmal empfinde ich wiederum Unbehagen, etwa dann, wenn jemand (verzweifelt) den

Versuch macht, mir irgendetwas an meinem wahrscheinlich längst veralteten (erst) acht Jahre alten Laptop beizubringen. Dann fühle ich mich für einen Augenblick »draußen«, nicht mehr dazugehörig, weil ich nichts mehr verstehe. Dann schleicht sich der Gedanke ein, was wohl passieren wird, wenn die Entwicklung so rasch weitergeht. Doch wieder rufe ich mich zur Ordnung: Herausforderungen wollen gestaltet werden, auch von mir!

Auch das ist eine Möglichkeit, und sie befriedigt mich zutiefst: Als älter werdender oder alter Mensch muss ich nicht auf jede Neuigkeit reagieren. Nein, ich muss nicht wissen, was im Computer »Excel« bedeutet oder »Browser«. Ich kann, wenn nötig, andere fragen. Ich muss mir auch heute nicht ausmalen, wie ich in Zukunft mit meinem Roboter XLV einsam Zwiesprache halte. Und – dieser Gedanke macht mich wieder hellwach – was auf uns zukommt, könnte ja auch hochinteressant werden!

Krisen

Die Krisen, die uns heute betreffen, lösen in uns unterschiedlichste Gefühle und Verhaltensweisen aus. Fällt zum Beispiel auf Partys der Begriff Flüchtling, zeigen sich bei den Gästen im Wechsel Röte und Blässe. Die einen denken an das Lager ganz in der Nähe ihres Hauses und äußern sich aggressiv über die »Eindringlinge«. Andere zeigen Mitgefühl mit denen, die vor Krieg und Armut geflohen sind. Wieder andere sagen, sie könnten »das alles« nicht beurteilen. Sie fühlten sich innerlich gespalten. Sie fragten sich, wer aus wirklicher Not komme und wer nur deshalb, weil unsere scheinbar heile Welt ihn reize. Und ganz andere malen ein düsteres Bild von der Zukunft und scheinen zu wissen, dass der Integrationsprozess der Neuankömmlinge in unserer Gesellschaft Jahrzehnte dauern werde.

Ich wurde schon früh mit dem Flüchtlingsproblem vertraut: Als ich ein Junge von sechs Jahren war, kamen Flüchtlinge aus dem Osten Deutschlands zu uns nach Niedersachsen. Sie standen in einer langen Kette aufgereiht auf dem Schulhof unseres Dorfes. Dann kamen die Bauern und andere Bewohner des Ortes und begutachteten die »Fremden«. Sie suchten sich diejenigen heraus, die ihnen entweder sympathisch waren oder zur Arbeit besonders gut zu taugen schienen. Und die anderen? Ich weiß nicht mehr, was mit ihnen geschah. Mich überkam schon damals ein Schamgefühl, dass die Menschen in meinem Dorf so wenig mitfühlend mit den Menschen aus der Fremde umgingen.

Wovon ich überzeugt bin: Krisen bergen Chancen in sich. Das gilt sowohl für den Einzelnen als auch für Gesellschaften. Fast jede Krise ist wie das Fieber der Seele, das auf innere Entzündungen aufmerksam macht, fast jede Krise ist wie das Leiden der Seele, die nicht ausreichend Sinn fühlt und auf Sinnerfahrung drängt. Jede Krise fordert zu Veränderungen heraus. Sinnvolle Veränderungen aber gelingen nur dann, ob beim Einzelnen oder in einer Gesellschaft, wenn nicht nur die »kluge« Strategie, sondern auch das Herz gefragt ist.

Kriege und Terrorismus

Ist von diesen Unarten der Menschheit die Rede, zeigen sich zwei Gruppierungen: Die eine ist beunruhigt bis angstvoll, weil sich moderne Kriege rasch ausbreiten können und terroristische Gewaltakte bereits vor der eigenen Tür, hier in Europa, stattfinden. Die andere begnügt sich mit dem Ausdruck eines tragischen Gefühls und wechselt bei der nächsten Gelegenheit das Thema. Kriege – die sind doch in Afrika und Asien. Oder? Also weit weg von hier und mir! Und die Terroristen? Leider kommen sie immer näher ... aber doch nicht zu uns ...

Die vielfältigen gesellschaftlichen Veränderungen, die Krisen, die kein Ende zu nehmen scheinen – Kriege und Terrorismus –, sind nur *eine* Seite unserer Gegenwart. Um die andere in den Blick zu bekommen, ist es wichtig, nicht nur nach den Ursachen, sondern auch und vor allem nach den *Gründen* für diese Entwicklung zu fragen, nach dem *Kernproblem*.

Das Kernproblem dieser Zeit und – vielleicht – auch die Lösung

Schon vor Jahrzehnten sah der bedeutende Münchner Theologe Eugen Biser eine »sich epidemisch ausbreitende Resignation«, einen »Geist der Schwere« (Nietzsche) heraufkommen. Ähnlich, wenngleich von einem anderen Standpunkt aus, beklagt der gegenwärtig hoch im Kurs stehende Neurobiologe Gerald Hüther die »begeisterungslos gewordene Gesellschaft«. Was ist das Kernproblem dieser Zeit? Sind es »nur« die angedeuteten Veränderungen, von denen im letzten Abschnitt die Rede war?

Auch Viktor Frankl, Neurologe, Psychiater und Begründer der sinnzentrierten Logotherapie, sah schon vor Jahrzehnten eine »existenzielle Frustration«, einen Sinnmangel und dessen Folgen als weltweite Bedrohung der Zivilisation voraus. Für ihn war dieser Mangel das Kernproblem dieser Zeit. Was meinte er damit? Ich sage es so: Nichts bewegt mich im Grunde mehr, nichts zieht mich mehr nach vorn, nichts fordert mich mehr heraus als der Wunsch, sinnvoll zu leben. Deshalb ist keine Frage wichtiger als die, ob ich mir diesen Wunsch erfülle oder nicht. Ob und wie ich ihn verwirkliche, bestimmt mein ganzes Leben, nicht nur mein Gemüt. Mein ganzes Leben! Wenn dieser Wunsch erfüllt wird, kann es sein, dass ich an Sinnmangel sogar erkranke. Der Wunsch nach Sinn verstummt nie, auch und gerade dann nicht, wenn ich in die Krise gerate. Dann aber ist nichts wichtiger als dieses: eine Antwort darauf zu finden, was meine Seele braucht, um wieder Sinn finden zu können. Der Wunsch nach Sinn ist der stärkste aller Wünsche. Ich kann ihn überhören. Ich kann mich ihm verweigern. Auslöschen aber kann ich ihn nicht.

Je weniger ein Mensch auf die Frage nach Sinn Antworten weiß, fühlt und lebt, je weniger er Sinn erfährt, desto beziehungsloser ist er – sich selbst, anderen und anderem gegenüber. Je beziehungsloser er ist, desto mehr kreist er um das, was er nicht ist, nicht kann und nicht hat. Je mehr er um seine Mängel kreist, desto frustrierter ist er. Je frustrierter er ist, desto mehr entwickelt sich in ihm innere Leere. Je größer dieses Vakuum ist, desto kraftloser wird sein Geist und desto weniger findet er Beziehung zu Werten. Je weniger Beziehung er zu Werten findet, desto mehr öffnet sich seine »leere« Seele für Angst, Aggressivität, Depressivität, Stress, Lebensmüdigkeit, Sucht, psychosomatische Störungen und all das, was Sinnerfahrungen und beglückendes Leben be- oder verhindert. Je mehr seine Seele angefüllt ist von sinnverweigernden Gefühlen, desto mehr stagniert die Weiterbildung seiner Persönlichkeit. Je mehr die Weiterbildung seiner Persönlichkeit stagniert, desto frustrierter ist er. Hier schließt sich der Kreis.

Das Fazit: *Wertleeres* Leben erzeugt Sinnkrisen und, wenn sie andauern, möglicherweise Krankheiten an Körper und Seele. Die Folge ist *Lebensverneinung*. Lebensverneinung aber behindert oder verhindert Sinnsuche und Sinnfindung. *Wert- und sinnvolles Leben* dagegen ist erfülltes Leben und daher der Grund für *Lebensbejahung*. Lebensbejahung aber ist die primäre Voraussetzung für Sinnfindung und deshalb für Prävention von Konflikten, Störungen und Erkrankungen.

Grundlegende vielfältige Veränderungen: Wirtschafts-, Finanz-, Flüchtlingskrise, Kriege an vielen Orten der Welt – »das alles« führt zu Begeisterungslosigkeit, Sinnmangel, Mangel an Lebensfreude. *Ist das so*? *Kann das wirklich sein*? Ja, das ist so. Aber: Zwar hat all das einen erheblichen Einfluss auf unser Lebensgefühl. Doch entscheidend sind die genannten Faktoren für unser Wohl und Wehe letztlich nicht! Was denn?

Es kommt nicht primär auf meine Vergangenheit oder meine Gegenwart an, nicht auf das, was war oder auf das, was heute innerlich oder äußerlich mein Leben zu bestimmen scheint. Sondern es kommt primär darauf an, ob ich leben will, ob ich zum Leben Ja sage, was immer auf mich zukommt. Ob ich bereit bin, immer wieder selbst der Entscheidende *in meinem eigenen Leben zu sein.*

Das bedeutet? Dass ich, was immer mir widerfährt, »Herr im eigenen Haus«, »Chef in meinem eigenen Leben« bleibe, frei bin, mich selbst fühle, erkenne und wahrnehme. Das ist unser aller reale Möglichkeit, auch für uns alternde oder alte Menschen. Um zu veranschaulichen, was ich meine, möchte ich Ihnen mein Lieblingsbeispiel vorstellen:

Sie haben eine teure Kamera. Sie haben auch ein tolles Motiv: Sie möchten eine Rose fotografieren. Aber Sie kennen die Kamera nicht wirklich. Irgendwie drücken Sie auf den Auslöser. Dann sind Sie enttäuscht, denn die wunderschöne Rose sieht auf Ihrem Bild wie ein verwischtes Tuch aus. Sie erkennen sie kaum wieder.

Andererseits: Sie haben eine uralte Kamera. Sie hat keine der modernen Raffinessen. Auch mit dieser Kamera stehen Sie vor der Rose. Diesen Apparat kennen Sie, wissen, wie Sie ihn einzustellen haben. Sie drücken auf den Auslöser. Und? Vor Ihnen liegt ein sehr schönes Bild. Und das, worauf Sie hofften, hat sich erfüllt: Sie sehen Ihre Rose.

Mit dem Leben ist das nicht anders. Es gibt Menschen, die die besten Voraussetzungen fürs Leben haben: eine glückliche Kindheit, einen guten Einstieg ins Leben, eine liebeswerte Familie, einen guten Beruf, Gesundheit usw. – doch glücklich, vom Leben begeistert sind sie nicht. Und warum nicht? Weil ihre Lebenseinstellung nicht stimmt. Weil sie nicht begriffen haben, dass die Voraussetzung für ein gelingendes Leben zuallererst das Ja zum Leben ist, unabhängig von dem, was ich habe und was ich bin. Das bedeutet: Wenn ich mich fürs Leben entscheide, für mein eigenes und das Leben überhaupt, dann werde ich die Erfahrung machen, dass es sich zu leben lohnt. Wenn ich mich gegen das Leben entscheide, dann werde ich die Erfahrung machen, dass sich das Leben in der Tat *nicht* lohnt.

Das heißt: Nicht die Menschen an sich, nicht die Dinge an sich, nicht die Umstände und gesellschaftlichen Verhältnisse an sich, nicht die Feste des Lebens an sich füllen unser Dasein aus, auch nicht *das Alter an sich,* sondern die von dem Wunsch geleitete Einstellung, all dies hier und heute zum Schatz werden zu lassen. Nein, es ist nicht die Frau, es ist nicht der Mann, es ist nicht das Kind, es ist nicht die Gesundheit, es ist nicht der Erfolg, es ist nicht das Geld, es ist letztlich nichts Äußerliches, was Leben gelingen lässt, sondern dass ich mich für das Dasein entscheide und in diesem Dasein *immer wieder selbst neu entscheide.*

Das setzt allerdings die Überwindung einer für unsere Zeit typischen Daseinshaltung voraus. Diese Haltung zeigt sich in tausend Variationen, sie bestimmt weithin das Lebensgefühl vieler Menschen unserer Zeit. Ich meine den Mangel an Ja zum Leben. Ich meine die Jein-Haltung, also weder das Ja noch das Nein. Den Mangel an Vertrauen ins Leben, das Misstrauen gegenüber Menschen, Gesellschaft, Kultur, Technik, Zukunft etc., kurz: Ich meine den

Negativismus, der in erschreckender Weise den Mut zum Sein behindert, den Mut, Entscheidungen zu treffen, die Lust an Freiheit und Verantwortlichkeit, die Freude am Leben, vor allem die leidenschaftliche Suche nach Sinn.

Sie fragen, wie Sie zu einer »positiven« Lebenshaltung kommen und damit zur Fähigkeit, »Herr oder Frau im eigenen Haus« bleiben zu können? Ich habe eine Antwort, die ich bei jeder gegebenen Möglichkeit verrate. Sie ist ganz einfach. Ich frage mich:

Worauf sehe ich? Worauf höre ich?
Worauf richten sich meine Gedanken?
Was suche ich? Womit verbindet sich mein Geist?
Mit dem, was Leben stört, gar zerstört?
Mit dem, was Leben fördert?
Was suche ich primär? Die Widerstände oder
die Lösungen?
Die Aggression oder die Liebe?
Das in mir, was Leben verneint, oder das,
was Leben bejaht?
Das Absurde oder den Sinn?
Wir können wählen. Wir können wählen.

Nun soll's konkret werden, liebe LeserInnen: Was alles können Sie tun, um beim Älterwerden zu scheitern? Lassen Sie uns beim Körper beginnen, zur Seele weitergehen, auch den Geist in unsere Überlegungen einbeziehen und eine Reihe weiterer, sehr menschlicher Möglichkeiten des Scheiterns betrachten. Doch sollen bei jedem Kapitel die Hinweise nicht fehlen, wie Sie, verehrte LeserInnen, genau dieses Scheitern vermeiden könnten. Der Körper meldet sich bekanntlich zuerst, wenn das Älterwerden beginnt.

4. Altwerden, zumal in dieser Zeit?

Ich sehe Sie vor mir, verehrte LeserInnen. Sie haben aufmerksam gelesen, mir zugehört, haben manchmal die Augenbrauen gehoben. Ihre Skepsis ist mir nicht entgangen, auch nicht Ihre zeitweilige Empörung. Darf ich sagen, was ich auf Ihren Gesichtern gelesen habe? Da wird jedoch, vermute ich, noch viel mehr sein, was in Ihnen vorgeht: Was ist, werden Sie zum Beispiel fragen, wenn meine körperlichen Kräfte nachlassen und meine Nerven angesichts der ständig neuen Entwicklungen nicht mehr mitmachen? Schon jetzt zeigen sich Ermüdungserscheinungen, wenn ich die schweren Taschen vom Supermarkt ins Auto schleppe und danach in unsere zweite Etage. Und dann die Musik, die mir während des Einkaufs auf die Nerven geht! Das alles und vieles andere mehr macht mir Angst. Dann gibt es Themen, an die »man« lieber nicht denkt und schon gar nicht ausspricht – und über die »man« vielleicht doch sprechen sollte.

Keine Sorge! Es gibt auch Themen und Inhalte in diesem Buch, die zum Leben gehören und einfach wunderschön sind. Jedenfalls freue ich mich darauf, Ihnen die eine oder andere Antwort auf diese und weitere Fragen geben zu dürfen.

Mein Körper meldet das Alter an! – Ich aber melde zurück: »Und immer, immer wieder geht die Sonne auf!«

Es gab eine Zeit, da war mein Körper knackig, frisch, schmerzfrei. Der Schlaf war tief. »Blutdruck« war ein Fremdwort. Durchtanzte Nächte hinterließen kaum Spuren. Ich konnte mich auf meinen Körper verlassen. Die Fotos von damals sind meine Zeugen.

Dann kam der erste Husten, der nicht verschwinden wollte. Die bekannten Hausmittelchen halfen nicht. Der Rücken, bislang stabil wie ein Leuchtturm, signalisierte einen zarten Schmerz. Natürlich würde er rasch vergehen, dachte ich zuerst, doch er blieb länger als gedacht. Man sprach vom Check-up, den ich mir mal leisten sollte. Es würde auch nicht schaden, meinen Blutdruck mal prüfen zu lassen. Begeistert war der alte Herr im weißen Kittel vom Druck meines Blutes nicht. Trieb ich denn nicht ausreichend Sport? Schon, aber der schien auch nicht das alleinige Wundermittel zu sein. Von Jahr zu Jahr wurde ich aufmerksamer meinem Körper gegenüber. Ich beobachtete ihn genau. Keine irgendwie schmerzhafte Zuckung entging mir. War da nicht ein Stich in der Herzgegend? Er war zwar gleich wieder weg, aber er war da gewesen! Und das Knie? Stimmte es, dass ich nicht mehr sicher auftreten konnte? Auch die Haut schien mir zu signalisieren, dass das Alter mit großen Schritten nahte. Dann, ich weiß es noch genau: Es war an meinem 60. Geburtstag. Mein Befinden nach dem Aufwachen war keineswegs festlich. Als ich mich im Bad dem Spiegel aussetzte, erschrak ich leicht. In der Tat: Ich war 60! Ja, so sah ich aus. Kein Zweifel!

Doch plötzlich – ich muss ein so deprimiertes Gesicht gemacht haben wie jener Herr auf einem Umschlag von Paul Watzlawicks *Anleitung zum Unglücklichsein* – überkam mich ein großes, befreiendes Lachen. Ich schaute noch einmal in den Spiegel und sah nun einen Mann, der offensichtlich etwas zu begreifen begann.

Schnurstracks machte ich mich auf den Weg (ich trug noch immer meinen Schlafanzug), setzte mich ans Klavier, hämmerte Udo Jürgens' berühmtes Lied »Und immer wieder geht die Sonne auf« in die

Tasten und sang dazu laut und begeistert. Die Wirkung war fabelhaft. Wie vom Winde verweht waren meine Sorgen. Und ich begriff: Ich *kann* tatsächlich an meinem Alter scheitern, aber ich *muss* nicht an meinem Alter scheitern.

Zweifellos lassen die körperlichen Kräfte im Laufe der Zeit nach. Die Supermarktsituation zum Beispiel – die laute Musik, die zunehmend die Nerven beansprucht –, die ist mir auch vertraut. Doch gegen das Nachlassen der körperlichen Kräfte sind selbst das ausgeklügeltste Body-Building-System, das verbissenste Lauftraining oder die ganz besondere Ernährung machtlos. Der Körper wird älter und seine Kräfte schwächer. Das ist so! Und nichts ist peinlicher, als die herannahenden Schwächen kaschieren zu wollen. Natürlich macht es Sinn, den Körper nicht einrosten zu lassen und sich auf die Suche zu machen, welche Sportart oder Bewegungsform Ihnen vielleicht sogar Vergnügen bereiten könnte: Gymnastik, Laufen, Schwimmen, Yoga oder …

Nicht weniger wichtig – oder sogar wichtiger? – ist die Entwicklung der Fähigkeit, mit dem sich verändernden Körper geschickt umzugehen. Ein beeindruckendes Beispiel bot Viktor Frankl: Er war ein leidenschaftlicher Bergkletterer. Sein Lieblingsberg war die Rax in der Nähe von Wien. Mit 19 Jahren kletterte er zum ersten, mit 80 zum letzten Mal. Dass er so lange seiner Leidenschaft nachgehen konnte, verdankte er einer raffinierten, aber natürlichen Technik, die er selbst entwickelt hatte. Mit dieser Technik kompensierte er die Schwäche der unteren Körperhälfte und belastete stärker den Oberkörper.[4]

Sollten Sie, liebe LeserInnen, nun sagen, »so etwas« könnten Sie nie, entgegne ich: Dass Sie keine Lust haben, Berge zu erklettern oder eine solche Technik zu entwickeln, glaube ich Ihnen gern. Was aber möchten *Sie selbst* so lange wie möglich können? Wenn Sie es wissen, würde ich mich an Ihrer Stelle aufmachen, so früh wie möglich die *Ihnen* entsprechende Technik zu entwickeln.

Bestimmt befürchten Sie auch, Sie könnten die ständigen Entwicklungen irgendwann nicht mehr mitmachen, zum Beispiel die Musik im Supermarkt, die Ihre Nerven strapaziert. Wenn Sie wüssten, wie gut ich Sie verstehe! Vor Kurzem sah ich im Fernsehen, mit welcher Verzweiflung viele Tausend Menschen den Tod des amerikanischen Sängers Prince beweinten. Und alle sangen seine Songs. (Sagt man das so?) Mir aber gefiel diese Musik, vornehm formuliert, überhaupt nicht. Meine Abwehr gegen diese und ähnliche Musik verringerte mein damals 15-jähriger Sohn ein Stück weit. Wir fuhren miteinander im Auto. Er legte eine Kassette ein. Merklich zuckte ich zusammen. Ich fand die Musik schauderhaft. Dann fragte ich ihn etwas ungläubig: »Magst du diese Musik?« Ich verschluckte das Wörtchen »etwa«. Da sah er mich von der Seite an, strahlte und sagte: »Ich liebe sie.«

Nein, wir Älteren oder Alten müssen keineswegs alles lieben, was neu ist. Und gegen manches sollten wir, wenn uns danach ist, protestieren. Aber das, was die junge Generation zum Ausdruck bringt, ist eben Ausdruck *ihrer* eigenen Lebenszeit, nicht unserer. Ich bemühe mich weiter, das zu begreifen.

5. Wie ich konkret beim Altwerden scheitern könnte – oder auch nicht!

»Ständig schmerzt mein Körper irgendwo.« – Oder: Wenn Sie morgens aufwachen und irgendwo ein Schmerz zuckt, merken Sie, dass Sie noch leben!

Es ist ja verständlich, manchmal sogar notwendig, dass wir unseren Körper beachten, vor allem dann, wenn es uns nicht gut geht. Aber Vorsicht! Übertreiben Sie das Achtgeben nicht. Notieren Sie nicht jedes Wehwehchen. Es könnte sonst dazu kommen, dass Sie das Gesunde in Ihnen, von dem Sie hoffentlich reichlich haben, aus dem Blick verlieren.

Da kommt mir eine Erinnerung, die mich noch heute amüsiert. Damals jedoch litt ich sehr! Ich war etwa 15 Jahre alt. Als »Fahrschüler« kam ich an jedem Tag an einem Krankenhaus vorbei. Nun war in jener Zeit viel von Blinddarmentzündungen und -operationen die Rede. Und immer dann, wenn wir mit dem Bus in Sichtweite des Krankenhauses kamen, schmerzte in meinem Bauch die Region, in der ich den Sitz des Blinddarms vermutete. Hatten wir dieses bedrohliche Haus hinter uns gelassen, war der Schmerz verschwunden. Das Leben hatte mich wieder!

Angenommen, Sie wären jemand, der oder die sehr oft und sehr intensiv den eigenen Körper und dessen mögliche Störungen beobachtete –, dann möchte ich Ihnen mit zartem Spott zuflüstern: Ich bewundere Sie. Sie achten viel mehr auf Ihren Körper als ich jetzt. Wann immer sich bei Ihnen eine körperliche Unregelmäßigkeit zeigt, konsultieren Sie den Arzt oder wenigstens den Apotheker. Und wenn die Experten mit Ihnen nicht weiterkommen, nehmen Sie sich eben selbst unter die Lupe. Das nenne ich Selbstfürsorge! Das Internet ist inzwischen ein so guter Ratgeber, dass Sie die unterschiedlichsten Medikamente, Arzneien und sonstigen Hilfen in einer eigenen Datei zusammenstellen können.

Sie äußerten kürzlich den interessanten Gedanken: ob Sie nicht eine Selbsthilfegruppe für das Heraufkommen noch nicht ausgebrochener Erkrankungen gründen sollten. Aber passen Sie auf! In den Tagen vor Gründungen solcher Art warten die Erkrankungen zweiten Grades auf die Möglichkeit, sich bei Ihnen einnisten zu können: eine Erkältung, ein Husten vielleicht, womöglich stolpern Sie und verstauchen sich den Fuß.

Als Sie kürzlich eine Woche nicht zur Arbeit kommen konnten, weil Sie ein – so sagt man in meiner Heimat – »Schnüpferchen« hatten, kam mir dieser Gedanke: Wenn sich alle Zeitgenossen an Ihnen ein Beispiel nähmen, wäre unsere Gesellschaft gesund! Die Frage, ob die Volkswirtschaft Schaden nehmen könnte, würden Sie zweifelsfrei vom Tisch wischen.

Andererseits: Ich wache auf. Ein Schmerz durchzuckt mich. Ich setze mich im Bett auf. Was war das? Ich greife rasch zum Telefon, will den Arzt anrufen, lege den Hörer wieder auf. Mir geht auf: Es geht auch anders. Nämlich so: Ich fühle mich matt. Trübe Gedanken beschleichen mich. Da meldet sich ein Schmerz und plötzlich weiß ich: *Ich lebe noch! Ich bin noch dabei!* Und der Schmerz? Der Schmerz ist nicht mein Feind, eher mein Freund. Er zieht seine Bahn von jenem »Ort« des Körpers, an dem er verletzt, verknotet, verwundet ist, bis ins helle Licht des Bewusstseins. Und dorthin will er auch, um mich aufzuwecken, aufzurütteln und mich aufmerksam zu machen auf das, was ich noch immer nicht zur Kenntnis nehmen wollte. Der Schmerz ist ungeliebt, aber er will nur das Eine: mich mahnen, warnen, herausfordern zum Leben, solange noch Zeit dazu ist.

Ich selbst hatte kürzlich mehrere Wochen ein Problem mit meinem Rücken. Das war schon sehr schmerzhaft. Selbst starke Medikamente halfen kaum. Doch was soll ich Ihnen sagen? In dieser Zeit arbeitete ich täglich mehrere Stunden an diesem Buch – und spürte meine Schmerzen kaum! Nein, das soll nichts beweisen. Schon gar nicht will ich jemanden anregen, während seiner Krankheit zu arbeiten oder sie auf die leichte Schulter zu nehmen. Mich hat meine seltsame Erfahrung nur nachdenklich gemacht. Mein vorläufiges Fazit: Je mehr ich mich mit einem Schmerz oder einer Krankheit befasse, je mehr meine Gedanken darum kreisen, desto aktiver wird die Störung. (Anders sieht es bei Krankheiten aus, deren Ursache man unbedingt wissen muss, damit Heilung möglich wird.) Übertreibe ich die Beschäftigung mit meinen »normalen« körperlichen Beschwerden, stellt sich ein Selbstbeobachtungszwang ein. Und Zwänge jedweder Art machen bekanntlich unfrei. Unfreiheit wiederum führt zu Überspannungen, und die sind wahrlich nicht bekömmlich. Und so wächst und wächst die Sorge um den eigenen Körper und die eigene Gesundheit ständig weiter. Schicksalhaft notwendig ist das nicht. Was tun stattdessen?

Ich selbst bin jeden Morgen auf meinem Laufband unterwegs, laufe 15 bis 20 Minuten bei Walzern von Johann Strauß oder – das Bekenntnis ist mir etwas peinlich – bei Marschmusik. Doch diese meiner Generation noch vertraute Musik bringt in erstaunlicher Weise die Beine in Schwung. Trotzdem schleicht sich an jedem Morgen ein Gedanke in mein Hirn, warum ich gerade heute durchaus aufs Laufen verzichten könnte. Dann aber bin ich streng mit dem Neinsager in mir, entscheide mich für mein Wohlbefinden, denn das stellt sich nach jedem an das Laufen anschließende Duschbad ein. Übrigens: Ich lese keine Bücher mehr über den Zusammenhang zwischen Bewegung und Gesundheit, weil mich allein meine morgendliche Tätigkeit überzeugt. Sie werden selber wissen, was Ihnen guttun würde.

»Nicht ohne meine Zähne!« – Oder: Wie Sie mit Ihrem Mund versöhnt werden können, weil Sie nicht mehr ständig an ihn denken müssen.

Wir wenden uns einem anderen körperlichen Problem zu: den Zähnen. Sie sagen, dass die in diesem

Buch wirklich nichts zu suchen hätten. Wirklich nicht? Noch immer denke ich an den liebenswerten älteren Professor, der mit großer Freude seine Vorlesung hielt. Da passierte es: Ein Teil seiner künstlichen Zähne verließ plötzlich den Ort, an dem sie hätten bleiben müssen. Sie wissen bereits, wie wir Studenten darauf reagierten. Wie gut, dass der Herr souverän die Lage meisterte.

Für viele ältere Menschen ist die Frage nach dem Erhalt der Zähne gar nicht unwichtig – aus ästhetischen, praktischen und manchmal auch aus beruflichen Gründen. Sie wissen ja, dass das, was wirklich Not macht, oft bespöttelt wird. Vor wenigen Jahren lachte ich, als der Komiker Hape Kerkeling in einer Fernsehsendung witzelte: »Sind die Zähne erst mal weg, hat die Zunge freies Spiel.«

Als ich ein kleiner Junge war, hütete mich eine feine, sehr liebenswerte alte Dame. Trotzdem gab es Situationen, in denen ich mich vor ihr fürchtete. Das geschah immer dann, wenn sie ein Nickerchen machte und sich dabei ihr Mund weit öffnete. Zum Vorschein kamen – sagt mir meine Erinnerung – große, hohe und breite Zähne, ähnlich denen des französischen Schauspielers Fernandel, der den berühmten Don Camillo darstellte. Und diese Zähne hätten, fürchtete ich, nach mir schnappen können. Und obwohl das nie geschah, minderte sich meine Furcht nicht, auch wenn die Dame noch so freundlich mit mir umging. Mag sein, dass aus diesen und ähnlichen frühen Erfahrungen meine despektierliche, aber über längere Zeit bestehende Neigung entstand, Witze über diverse »Zahngehege« zum Besten zu geben.

Dann überschritt ich die Lebensmitte. Inzwischen hatte ich von vielen Altersgenossen erfahren, dass sie zukünftig eines nicht erleben wollten: den Verlust ihrer Zähne. Und ich am wenigsten! Zumal mein Mund beruflich das Zentrum meines Daseins ist. Umso mehr beunruhigte mich die Tatsache, dass die Zahnärzte mir den Weg zum freien Spiel der Zunge zunehmend ebneten. Inzwischen geht es meiner Zunge gut. Was Sie selbst betrifft: In dieser Hinsicht brauchen Sie sich keine Sorgen mehr zu machen, denn aus Erfahrung weiß ich, dass Sie dermaleinst darüber staunen werden, zu welchen Kunstwerken Zahnärzte in der heutigen Zeit imstande sind.

»Wenn es doch beim Verlust der Zähne bliebe!«, höre ich Ihren Einwand. Es muss nicht sein, aber es kann wohl sein, dass Sie irgendwann – nicht frei von Melancholie – Ihrer Liebsten zu Gehör bringen:

»Auch ich war ein Jüngling mit lockigem Haar.« Nicht, ohne sich dessen bewusst zu sein, dass die Locken von einst einer haarfreien Fläche gewichen sind. Doch genau dieser männliche Kopf ist heute mehr als respektiert: Viele Männer lassen ihr lockiges Haar entfernen, um einen glänzenden Schädel der Mitwelt zu präsentieren. Ich kann es nicht lassen – ich muss Ihnen den schlichten Satz zumuten: Schließt sich die eine Tür, öffnet sich die nächste.

Wenn es doch beim Haarverlust bliebe! Irgendwann sagt Ihnen – zum Beispiel – Ihre Nachbarin lachend: »Na, so was! Sie auch?«, schiebt ihre Brille nasenabwärts und schaut Sie, die neue Brillenträgerin, solidarisch an. Doch halt! Brillenträger wirken intelligent! Oder? Und: Bei Brillenträgern gleich auf das Alter zu schließen, wäre verwegen. Denn auch die Jungen tragen diese Sehhilfen …

»Ja, ja«, höre ich jemanden sagen, der mich auf der Treppe leicht schnaufend zu überholen versucht, sich jedoch bald auf mein eher sehr ruhiges Tempo einstellt. Als wir Teil eins unserer Treppe absolviert haben, bleiben wir beide stehen, holen noch einmal tief Luft, ehe der Herr – er mag 45 sein – mir zur Kenntnis bringt: »Man wird tatsächlich älter.« Man?, schießt es mir durch den Kopf. Ich nicke verständnisvoll und denke mir: Auch er wird sich daran gewöhnen, dass die reduzierte Luftkapazität keineswegs die Lebensfreude reduziert, wenn, ja wenn er die neu gewonnene Langsamkeit zu genießen versteht.

»Ich will alles Schmerzhafte vergessen!« – Oder: Verabschieden Sie sich bewusst von dem, was Sie geschmerzt hat, und begegnen Sie Vergangenem, wenn es geht, mit Würde!

Verlassen wir unsere Überlegungen, wie der Umgang mit dem Körper bekömmlich sein könnte, und wenden uns dem Seelischen zu. »Vergangen, vergessen, vorüber«, sang mit samtener Stimme der einst viel geliebte Freddy Quinn. Wenn das so einfach wäre …

Stunden über Stunden habe ich damit zugebracht, mit meinen Klienten über das zu sprechen, was sie noch immer nicht vergessen hatten und worunter sie noch immer litten. Kann man sich denn wirklich nicht der Gegenwart zuwenden, wenn die Vergangenheit nicht schön war? Schön wär's. Und warum nicht? »Weil das Unbewusste nie vergisst«, höre ich wieder einen alten Psychoanalytiker sagen, der an einem späten Abend diesen Satz fast feierlich in unsere Runde sagte.

Sie, lieber Leser, liebe Leserin, bestehen trotzdem darauf, sich um das, was Sie sehr geschmerzt hat, nicht mehr zu kümmern? Dann sage ich Ihnen nicht frei von zarter Ironie: Sie haben ja Recht – Leben findet heute statt. Nicht gestern. Nicht morgen. Heute! Deshalb kümmern Sie sich nicht um das, was war! Das ist vorbei. Das war einmal. Das ist Schnee von gestern. »Arbeit an der Vergangenheit« – das ist was für Leute, die grüblerisch veranlagt sind oder nicht den Mut haben, nach vorn zu blicken.

Klar, sagt ein anderer, und gibt dem Leser recht: Mein Vater war alles andere als zartfühlend. Er hat mich oft versohlt. Mit dem Riemen hat er mich geschlagen. Aber das hat mich letztlich hart gemacht. Und hart muss man werden, wenn man überleben will. Wenn ich die heutige Jugend ansehe, vor allem die jungen Bubis – was sind das für Weicheier!

Oder – noch einmal eine Befürworterin der Meinung, das Gewesene ruhen zu lassen: Sie träumt von ihrer langjährigen Lehrerin, die ihr die Schulzeit vermiest habe. Sie macht sie dafür verantwortlich, dass sie noch immer unsicher durchs Leben geht. Vor der ganzen Klasse hatte diese sie einmal beschämt und sie angeschrien: »Du bist eine Versagerin!« »Was soll's?«, sagt die Frau heute. »Ich bin in die Jahre gekommen und ziemlich müde. Schließlich ist die Frau ja längst tot.« Ist sie das?

Wahrscheinlich kennen das viele von Ihnen, verehrte LeserInnen. Da kommen sie wieder: die Erinnerungen, die Sie am liebsten vergessen möchten. Nein, Sie wollen sich gar nicht auf sie einlassen, aber sie drängen sich Ihnen auf. Augenblicklich verändert sich Ihre Stimmung. Da »sehen« Sie sie wieder, die Menschen von damals, die ihnen wehgetan haben, ihre Gesichter, ihre Blicke, ihre Gebärden, ihre Stimmen, ihre Worte. Manchmal scheint es, als sei das, was Ihnen vor vielen Jahren geschah, noch immer aktuell. Und oft ist das so.

Zu den schwierigsten, doch wichtigsten Aufgaben im Leben gehört nach meiner Erfahrung die Verabschiedung von und die Versöhnung mit einer verletzenden Vergangenheit. Diese Aufgabe ist deshalb so wichtig, weil wir nur dann geistesgegenwärtig sind und frei leben können, wenn wir die schmerzhaften Erinnerungsfesseln abgestreift haben. Denn mögen auch die *Ereignisse* von damals längst »Schnee von gestern« sein – die damit verbundenen *Gefühle* sind es keinesfalls, bis wir das, was war, noch einmal angesehen und *aus heutiger Sicht* dazu Stellung genommen haben. Und, wenn's geht, uns damit versöhnt haben, dass auch die schweren Stunden zu unserem Leben gehören. Versöhnt auch mit denen, die uns »das« angetan haben? Ja, *wenn's geht.* Jedenfalls ist Versöhnung eine der zentralen Voraussetzungen für einen guten weiteren Verlauf auf dem Weg ins Alter. Sie schafft der Seele Frieden.

Was können Sie tun, wenn Sie sich jetzt angesprochen fühlen? Das Wichtigste ist, einem vertrauten Menschen – einer Freundin/einem Freund oder einem Fachkundigen – die alten Verletzungen *im Zusammenhang* zu erzählen und sich nicht zu scheuen, alle damit verbundenen Gefühle auszusprechen – die noch schmerzenden und die, die Ihnen noch immer die Zornesröte ins Gesicht treiben, die angstvollen und die, die Sie noch immer daran zweifeln lassen, ob sich Ihr Leben wirklich gelohnt hat.

Warum ist das Aussprechen so wichtig? Wenn auf Dauer Groll, Wut, Hass, Ablehnung und Aggressivität meine Seele besetzen, gefangen halten, ausfüllen, dann schädige ich nicht nur andere, dann verspannt sich auch meine eigene Seele. Dann wird sie grau. Dann kreist sie nur noch um das Objekt ihrer Ablehnung. Dann verliert sie die Freude am Leben. Dann kommt ihr die Zuversicht abhanden.

Dann vermindert sich das Sinngefühl. Dann leidet das Immunsystem. Dann leidet der ganze Organismus. Dann sind psychosomatische Störungen nicht mehr fern. Dann verliert die Seele ihren Mantel. Dann leidet der ganze Mensch. Dann altert nicht nur der Körper rascher, sondern auch die Seele. Dann kann es sein, dass jemand zu uns sagt: »Der sieht aber ganz schön alt aus.«

Wenn ich mich dagegen mit einem Menschen versöhne – innerlich oder konkret –, wenn ich ihn wieder ansehe und ihm so wieder Ansehen schenke, breitet sich auch in mir wieder Wärme und Freundlichkeit aus. Wenn ich mich mit meinem vergangenen Leben aussöhne, dann versöhne ich mich mit mir *selbst*. Dann zeigen sich im Lauf des weiteren Lebens weit weniger Stauungen, dann fließt mein inneres Leben weiter. Dann reife ich mit Würde.

Was muss ich darüber hinaus tun, um mich auszusöhnen? Drei wichtige Dinge beachten:

- Mich darauf besinnen, was der Groll in mir selbst anrichtet.
- Mich darauf besinnen, dass kein Mensch nur ein Engel oder nur ein Teufel ist, ich auch nicht.
- Die Sehnsucht nach Frieden zulassen und sich vergegenwärtigen, dass es Größeres gibt als Recht und Gerechtigkeit: Frieden, Güte, Liebe.

»Das klingt gut«, höre ich einen Vater sagen. »Doch was sagen Sie dazu? Mein Sohn hat sich nach einem heftigen Streit bereits fünf Jahre nicht mehr blicken lassen. Ich habe ihm viele Briefe geschrieben, aber er hat nicht ein einziges Mal geantwortet. Ich bin schon über 70. Und wer weiß, wie viel Zeit noch für Versöhnung bleibt?«

Ich habe vier Jahre lang am Hamburger »Michel« Vorträge über Lebensthemen gehalten.[5] Im Anschluss an die Vorträge war viel Zeit für Fragen. Und wissen Sie, welche Probleme am häufigsten zur Sprache kamen? Die zwischen Eltern und Kindern!

Was würde ich dem sagen, der vergeblich darauf wartet, sich mit einem anderen versöhnen zu können?

Nehmen wir an, der/die andere hüllt sich schon lange in Schweigen. Dann würde ich zuerst schriftlich um ein Gespräch bitten. Dabei ist es wichtig, dem Adressaten keinerlei Vorwürfe zu machen. Käme wieder keine Antwort, würde ich noch einmal – schriftlich – um ein Gespräch ansuchen, von eigenen Fehlern sprechen und um Versöhnung bitten.

Wenn dann nach längerer Zeit wieder keine Antwort käme, würde ich mir meine eigenen Emp-

findungen und Gefühle eingestehen, die mich überkommen, wenn ich an den anderen denke: Trauer, Zorn, Wut, Anklage, Selbstvorwürfe, Sehnsucht etc. Und mich fragen: Was wäre stark genug in mir oder außerhalb meiner selbst, das den (vielleicht nur vorläufigen) Verlust ein wenig ausgleichen könnte? Ein anderer Mensch, eine Aufgabe, der Glaube?
Und mich weiter fragen: Kann es sein, dass der andere um seiner selbst willen seinen eigenen Weg gehen muss – *ohne mich*? Und: Ist mir der andere so wichtig, dass ich ihm Zeit lassen kann für seine Entscheidung, ob er die Beziehung mit mir wieder aufnehmen will oder nicht?
Schließlich sich vergegenwärtigen: Es liegt immer etwas Neues vor dem anderen und vor mir – neue Einsichten, neue Visionen, neue Menschen, neue Situationen.

Seit Jahren denke ich immer wieder an einen Satz des alten, weise gewordenen Jörg Zink: »Niemand hat sich sein Schicksal ausgesucht, sein Wesen, seine Schwächen, seine Neurose oder seinen brüchigen Charakter und all seine Gespaltenheit. Niemand hat sich die Grenzen seiner Kraft selbst verordnet. Wir erleiden alle ein Leben, das uns ein anderer bereitet hat, und es hat keinen Sinn, dass wir uns selbst oder einander die Schuld daran aufbürden.«[6]

Grund, mit dem Leben zu hadern, hätte ein alter Mann gehabt, den ich in meiner Jugendzeit oft sah. Er hatte durch den Krieg beide Söhne und kurz nach dem Krieg auch seine Frau verloren. Aber er haderte nicht. Ich hab ihn sehr gemocht.

Er war nie unbeschäftigt und lernte immer wieder Neues kennen: Er begann Klavier zu spielen und zu malen, lernte Italienisch und suchte Zugang zur Philosophie. Er war ein Handwerker. Was mich am meisten beeindruckte? Das war sein Lachen, sein häufiges Lachen über sich selbst: Saß er am Klavier, dann schüttelte es ihn manchmal, wenn er sich durch den Dschungel der Noten mogelte. Und rezitierte er westfälisch einen italienischen Text, dann brachte er wegen des Lachens nicht selten nur halbe Sätze heraus. Und dann die Zwiegespräche mit seinem alten Hund – wenn der alte Mann ihn ansah und mit tränenden Augen lachend sagte: »Mein alter Bobby, stell dir nur vor, wir leben noch – ist das nicht schön?«

Ob er ein glückliches Naturell hatte? Mag sein. Seine Erziehung jedenfalls war barbarisch streng gewesen. Vielleicht war's dies, warum er so über sich lachen konnte: weil er sein Herz geöffnet hatte für vieles, wenn nicht das meiste, was er im Leben fand.

»Ich kann nicht genug Acht geben auf meine Seele!« – Oder: Freuen Sie sich einfach über eine gewisse Melancholie des Alters, denn diese ehrt Sie, weil sie ein Zeichen von Lebensweisheit ist.

Sie bemerken wieder mein zart spöttisches Augenzwinkern? Nun also: Behalten Sie Ihre Psyche aufs Sorgsamste im Blick! Schauen Sie nach wie vor achtsam auf Ihre inneren Abläufe! Man kann ja nicht wissen, was die Seele mit einem treibt. Meldet sich Traurigkeit? Wenn ja, woher rührt sie? War es wieder die Erinnerung an den Vater? Welche Namen haben die Fesseln, die Sie immer noch spüren? Sind sie es, die Ihr geschwächtes Selbstwertgefühl verursachen? Heißt eine Fessel vielleicht narzisstische Störung? Was auch immer: Prüfen Sie sich so lange, bis Sie herausgefunden haben, was Sie fesselt.

Au wei! Sie haben ihren letzten Traum nicht verstanden? Sie ahnen, dass er bedeutsam ist? Dann bemühen Sie sich so rasch wie möglich um einen Termin bei Ihrem Therapeuten oder Ihrer Therapeutin. Sie wissen doch, TherapeutInnen sind jedem

Lebensproblem gewachsen. Jedenfalls fast jedem. Vielleicht.

Keine Sorge, Sie sind nicht der einzige Mensch, der sich derlei »analytische« Reflexionen erlaubt. Ich hatte auch einmal eine solche Zeit. Dabei kam ich mir besonders ernsthaft vor. Bis zu dem Tag, an dem mir aufging, dass ich meine »Selbsterfahrung« erheblich übertrieben hatte. Es war der Tag, an dem eine milde Abendsonne mich auf *sich* aufmerksam machte.

Sich selbst immer mehr kennenzulernen ist gut und wichtig. Denn so werden unsere Entscheidungen, wird auch unser Lebensweg immer klarer. Dieses Sich-selbst-Kennenlernen gehört zu jedem ernsthaften Leben. Die so beliebte »Selbsterfahrung« aber, die sicher das gleiche Ziel hat, sollte man nicht übertreiben. Sie muss sein, wenn frühere Probleme noch immer das Leben belasten. Es ist jedoch eine Illusion zu meinen, wir könnten allem, was einmal geschmerzt oder uns wehgetan hat, auf den Grund gehen. Die Seele ist tief wie das Meer. Und es ist manchmal klug, die letzten Reste eines vergangenen Problems ruhen zu lassen und sie aus einem größeren Abstand zu betrachten: Da gab es einmal die große Liebe, aber sie wandte sich jemand anders zu. Da war einmal die große Chance für einen Berufswechsel, aber die Angst, das sichere Boot zu verlassen, war zu groß. Da wäre eine Auseinandersetzung mit den Eltern notwendig gewesen, aber die Angst, ihre Liebe zu verlieren, führte zum Gefühl, an einem zentralen »Ort« des Lebensweges versagt zu haben. Manches lassen wir mit einer gewissen Melancholie zurück, wie wir sie manchmal bei reiferen Menschen beobachten können. Mit Melancholie? Nein, nichts Schwermütiges ist damit gemeint, vielmehr – vielleicht – ein Zeichen von Lebensweisheit. Wie könnte das bei alternden Menschen aussehen?

Der geistige Horizont hat sich geweitet. Manche Aufgeregtheit gehört der Vergangenheit an. Die Unterscheidung zwischen Wichtigem und nicht ganz so Wichtigem fällt leichter. Die ganz großen Ansprüche und Ziele verblassen. Das, was Sie früher enttäuschte, verliert an Bedeutung. Da kommen Erinnerungen an schöne Stunden der Begegnungen mit liebenswerten Menschen auf. Zurück bleibt Dankbarkeit und die gefühlte Einsicht, dass das Leben unvollkommen ist – und doch sehr lebenswert!

Mir fällt dazu eine Geschichte ein, die ich sehr liebe und die ein Beispiel ist für das, was ich mit Weisheit meine:

> Ein berühmter Clown, der vieles, was ihm wichtig war, verloren hatte – seine Frau, seine Kinder, seine Gesundheit, viel Geld, das er verdient hatte –, wurde von einem Reporter auf seine persönlichen Verluste hin angesprochen. Da zog der alte Mann die Augenbrauen hoch und sagte, ungläubig über diese Frage staunend: »Das hab ich doch gehabt.« Und noch einmal, um es seinem Gesprächspartner nur ja klarzumachen: »Das hab ich doch gehabt ...«

Wie groß ist dagegen die Zahl jener Zeitgenossen, die anders als dieser weise Clown das Leben offensichtlich nicht schätzen. Die die Träume der Jugendzeit aufgegeben haben und dahinleben, als gäbe es keinen Zauber mehr. Die mit dem wunderbaren Satz Viktor Frankls »Menschsein heißt, sich verändern zu können« nichts anzufangen wissen. Die den Eindruck vermitteln, als sei das Menschsein nichts Besonderes. Die nicht daran glauben, dass auch sie eine Wende in ihrem Leben schaffen könnten. Die sich nicht vergegenwärtigen, dass die Sterne einmal ohne sie leuchten. Die sich nicht mehr fürs Leben begeistern. Begeisterungsloses Leben aber ist Leben ohne Geist, also ohne Freiheit, ohne Liebe zum Leben, ohne Mut zur Veränderung. Dabei kann insbesondere die zweite Lebenshälfte eine Zeit sein, in der wir erwachsen werden, wach werden fürs Leben, begreifen, dass wir wachsen können.

»Für mich ist das, was andere von mir halten, immer noch sehr wichtig.« – Oder: Sie werden immer freier vom Urteil anderer Menschen.

Vielleicht haben Sie, verehrter Herr, auch schon einmal einen solchen Satz gesagt: »Das darf doch gar nicht wahr sein! Ich bin immerhin 50! Und noch immer ist es mir wichtig, was andere von mir denken.«

Wie gut ich Sie verstehe! Auch ich habe viele Jahre mit diesem Problem zu tun gehabt. Doch wenn ich bemerkte, wie sehr mir daran lag, dass andere mich mochten, empfand ich eine gewisse Scham.

Die Abhängigkeit vom Urteil anderer ist eine Geißel der Menschheit! Ich übertreibe nicht. Denn wo immer Menschen mit Menschen zu tun haben, sind viele oft mit Fragen beschäftigt wie: Was denkt der andere von mir? Und darauf antwortet man sich oft selbst: Der redet doch bestimmt hinter meinem Rücken. Der weiß ja gar nicht, wer ich bin. Ich sehe es doch an seinem Gesicht, dass der mich nicht mag. Diese und ähnliche Gedanken sind einerseits verständlich, weil wir ja nicht nur Individuen sind, sondern auch in Gemeinschaften leben. Andererseits sollten wir aber nicht zu streng von uns verlangen, völlig unabhängig vom Urteil anderer zu sein. Wir sollten auch die Freude zulassen, wenn jemand uns etwas Gutes sagt.

Wie können wir freier von dem werden, was und wie andere über uns denken? Ich mache ein paar Vorschläge:

- Nehmen Sie sich einmal im Monat, zum Beispiel an einem Samstagmorgen, Zeit und denken darüber nach – einige schriftliche Notizen können nicht schaden –, wie oft Sie in den letzten vier Wochen Grund gehabt haben, stolz auf sich zu sein. Warum könnte Sie das weiterbringen? Weil eine Ursache für die Abhängigkeit von der Meinung anderer darin besteht, dass wir in unseren Breiten dazu neigen, mehr auf unsere Fehler zu achten als auf das, was wir »so richtig gut« gemacht haben. Und: Sie sind »größer«, als Sie ahnen!
- Bitte machen Sie sich klar, dass Sie, wenn Sie sich zu häufig von (negativen) Meinungen beeindrucken lassen, nicht Ihren eigenen Weg

gehen, sondern den der »Meinungsbildner«. Wie viele Menschen in unserer Nähe würden andere Wege gehen, wenn Sie mehr auf das hörten, was ihnen ihr eigenes Herz sagt!

- Bitte überlegen Sie, von welchen Menschen Ihrer Umgebung Sie am meisten abhängig sind? Lassen Sie sich Zeit, sich diese Riege vor Augen zu führen. Glauben Sie allen Ernstes, dass diese Menschen *Sie* erkennen, ich meine Ihr Wesen, also das, was Sie im Grunde sind? Ja, andere können Ihr Verhalten beurteilen, niemals aber den Wert unserer Persönlichkeit. Es lohnt sich, diesen Satz tief in sich aufzunehmen.
- Sie sagen, Sie seien ein öffentlicher Mensch. Das könnten Sie einerseits genießen, andererseits aber fühlten Sie sich ständig unter Druck, besser als alle anderen Ihres Fachs zu sein. Das verstehe ich gut. Nur: Worum geht es Ihnen primär? Um das, was Sie öffentlich zu verantworten haben, oder – pardon! – darum, der oder die Größte sein zu wollen? Genügt es Ihnen nicht, Zweiter oder Dritter zu sein?
- Ist Ihnen bewusst, dass reife Menschen mit anderen gütig umgehen? Weniger reife brauchen es, andere zu bewerten, um sich ihrer eigenen Widersprüchlichkeit nicht stellen zu müssen.

- Ich meine, dass Menschen mit dem Alter so etwas wie eine innere Verpflichtung haben, immer freier zu werden von der Welt um sie herum. Denn nur so können sie sich mehr auf das einlassen, was wirklich wichtig ist im Leben – und im Alter im Besonderen.

»Was soll's? Leben ist, wie es ist.« – Oder: Es gibt immer etwas Neues, das vor uns liegt; es gilt nur, dies auch zu entdecken!

Sie gehören zu denen, die den Wunsch aufgegeben haben, sich innerlich zu verändern? Sie haben es satt, sich ständig Gedanken zu machen: über sich selbst, über Ihren Lebensentwurf und das Leben selbst? Sie sind ernüchtert vom Leben? Was Sie sich in der Jugend erwartet oder gar erträumt haben – nur wenig ist daraus geworden? Ihr Motto lautet deshalb: »Es ist, wie es ist. Basta!«? Sie haben die Erfahrung gemacht, dass das Dasein zwar keine Hölle ist, aber auch keineswegs das Paradies?

Dass unser Dasein nicht paradiesisch ist, gestehe ich Ihnen zu. Aber es gibt ein richtig gutes Drittes gegenüber Hölle und Paradies. Was das ist und wie das zu erreichen ist? Nicht ohne eine gewisse Mühe.

Wenn ich mir das Bewusstsein erlaube, dass es einmal keine Zeit mehr für mich gibt, dass einmal das Leben ohne mich weitergeht, dass die Sterne einmal ohne mich leuchten, dann verdichtet sich in mir das Verlangen, in der mir zugedachten Zeit das Beste aus mir herauszuholen. Erlaube ich mir dieses Bewusstsein nicht, bin ich zu viel mit Alltagsdingen beschäftigt, dann übersehe ich die Gunst der einzelnen Stunden, Tage, Zeiten. Dann gehe ich durch die Zeit, als hörte sie niemals auf. Dann suche ich zu wenig die gefüllte Zeit, den Kairos, den Sinn, das Glück der jeweiligen Situation. Dann wird mir nicht bewusst, dass es zum Leben auf diesem blauen Planeten keine Alternative gibt.

Seitdem ich den Ausdruck »ungelebtes Leben« (Viktor von Weizsäcker) zum ersten Mal bewusst aufgenommen habe, lässt er mich nicht mehr los. Er beunruhigt mich, er lässt mich hoffen. Er löst in mir Melancholie aus, fordert meine gute Sehnsucht heraus. Er lähmt mich, er macht mich hellwach. Vor allem fordert er mich heraus zum Leben. Ungelebtes Leben? Wer kann denn schon alles leben? Sind wir nicht alle unvollkommen? Waren und sind die Umstände nicht tatsächlich alles andere als gut?

Diese und ähnliche Fragen sind, glaube ich, Stimmen jener Kräfte in uns, die dazu beigetragen haben, dass mehr ungelebtes Leben in uns ist, als uns guttut. Diese Stimmen gehören den Saboteuren in uns, die so wenig von der Kunst zu leben wissen. Sie gleichen dem Dorngebüsch, das sich über jungen Pflanzen ausbreitet und sie zu ersticken droht. Sie berufen sich auf ihre Erfahrungen mit Leben, sie verweisen auf die konkrete und allgemeine Not in der Welt und haben scheinbar alle Argumente auf ihrer Seite. Und trotzdem sind gerade sie es, die die Ausbreitung von Leben verhindern, vor allem des eigenen. Und sie unterschlagen, was Lebenserfahrene wissen: dass nichts sich wiederholen muss, jedenfalls dann nicht, wenn sich ein Mensch empört gegen das alte, vertrocknete Leben.

Anfang meiner 40er-Jahre kam ich in eine Krise. Ich hatte Theologie studiert, war zwei Jahre als Pfarrer tätig gewesen, danach von dem damals berühmten Theologen Prof. Dr. Thielicke an die Hamburger Universität berufen worden, wo ich fast sechs Jahre in der Abteilung für systematische Theologie geblieben war. Dann hatte ich das Bedürfnis, wieder praktisch zu arbeiten und genoss sechs Jahre als Studentenpfarrer an der Hamburger Universität. Im letzten Jahr begriff ich, dass meine Zeit der Arbeit mit jungen Menschen abgelaufen war. Ich litt zunehmend unter der einseitigen Ausrichtung auf Studenten. Inzwischen war auch meine Ehe zerbrochen. Trotz aller Erschütterung über das Scheitern der Ehe war für mich letztlich befreiend, dass ich mir kein Schuldverschiebespiel erlaubte. Ich machte mich selbst verantwortlich. Doch wie sollte es weitergehen?

Wieder Pfarrer werden – das wollte ich nicht. Der universitäre Zug war abgefahren, nachdem ich meine Fakultät verlassen hatte. Ein Angebot der Kirche, junge Theologen auszubilden, kam zu spät. Denn inzwischen hatte ich mich zu dem waghalsigen Entschluss durchgerungen, das erste Institut für Logotherapie und Existenzanalyse in Deutschland zu gründen. (Existenzanalytische Logotherapie ist sinnzentrierte Psychotherapie und Beratung.) Die Voraussetzung dafür erwarb ich von 1971 bis 1975 in Wien bei Viktor Frankl, dem Begründer dieser therapeutischen Richtung. Waghalsig war der Entschluss, weil ich mein erlerntes Fach verließ und mich auf einen Beruf einließ, der in Hamburg so gut wie unbekannt war. Ich hatte zwar ein wenig Angst, ob ich damit Fuß fassen könnte, doch die Hoffnung auf ein neues berufliches Leben war stärker als die Befürchtung, niemand würde zu mir kommen. Ich brauchte den Entschluss nicht zu bereuen.

Was ich dabei vor allem gemerkt habe? *Die zweite Lebenshälfte ist anders als die erste …* Wenn die zweite Lebenshälfte beginnt – wenn die Ziele der jungen Jahre mehr oder weniger verwirklicht worden sind, wenn die Aufmerksamkeit über viele Jahre der Entwicklung von Familie, Freundschaft, Beruf und dem weiteren Umfeld galt –, sollte man sich mehr als bisher dem *Inneren* zuwenden. Dann drängt sich nämlich, zunächst kaum merklich, dann immer deutlicher, eine innere Veränderung auf. Da sind andere Fragen dran als in der ersten Lebenshälfte. Nein, nicht solche, wie ich sie in den letzten Abschnitten karikierend dargestellt habe, Fragen wie zum Beispiel diese:

Wie bin ich geworden?
Wer bin ich jetzt?
Wer könnte ich sein?
Was habe ich versäumt? Kann ich das Versäumte nachholen?
Was war und ist noch immer sinnvoll?
Was habe ich bisher erreicht, und worum soll es in den nächsten Jahren gehen?

Die Antworten auf solche und ähnliche Fragen brauchen Zeit und Geduld. Ich selbst war in meinem

Leben oft ungeduldig. Zwar wusste ich wie schon Hermann Hesse: »Geduld ist das Schwerste und das Einzige, was zu lernen sich lohnt. Alle Natur, alles Wachstum, aller Friede, alles Gedeihen und Schöne in der Welt beruht auf Geduld, braucht Zeit, braucht Stille, braucht Vertrauen, braucht den Glauben an langfristige Vorgänge …« Doch kam mir erst spät die Einsicht, dass vieles in meinem Leben leichter, klarer, einfacher gewesen wäre, hätte ich mehr Geduld gehabt. Heute sehe ich sie als einen besonderen Wert, der zu der heute von vielen Menschen ersehnten Gelassenheit führen kann.

Und noch etwas Wichtiges wurde mir klar: Es gibt wie in jedem Menschen einen *Ja-Sager* und einen *Nein-Sager* in mir. Eine der wichtigen Fragen lautet: Ist mir bewusst, dass nicht nur das ganze Leben an sich, sondern auch mein eigenes zwei Seiten hat? Die eine, die liebenswert, und die andere, die alles andere als das ist. Da ist der *Ja-Sager* in mir, der denkt, empfindet, fühlt und tut, was sinnvoll ist, und der *Nein-Sager* in mir, der denkt, empfindet, fühlt und tut, was alles andere als sinnvoll ist. Ist mir auch bewusst, dass wir ständig dazu herausgefordert werden, uns zwischen beiden zu entscheiden? Und dass wir dem *Nein-Sager* in uns keineswegs ausgeliefert sind? Ist mir bewusst, dass wir uns für den *Ja-Sager* entscheiden können, weil wir frei sind? Von diesen Entscheidungen aber hängt wesentlich die Qualität unseres Lebens ab!

Dass in uns ständig dieses Zwiegespräch stattfindet, ist keine psychologische Erfindung, sondern eine menschliche Gegebenheit. In der Regel nehmen wir es nicht wahr. Ach, hätte ich nur Engelszungen, um die Bedeutung dieser Möglichkeit fühlbar werden zu lassen! Ich versuche es mit einem Beispiel von mir selbst:

Manchmal werde ich von einem Klienten um einen Termin gebeten, der so rasch wie möglich stattfinden soll, möglichst am selben Tag. Dann sagt der *Nein-Sager* in mir: Ich habe doch heute schon so viele Stunden gearbeitet. Ich kann nicht mehr. Ich will auch nicht mehr. Warum ruft der Klient nicht eher an? So schlimm wird sein Problem schon nicht sein. Ich werde ihm einen Termin in der nächsten Woche geben.

Da meldet sich der *Ja-Sager:* In der letzten Sitzung hatte ich das Gefühl, dass mir der Klient etwas verschweigt. Also weiß ich nicht, warum er jetzt so auf einen raschen Termin drängt. Kann er nicht bis übermorgen warten? Da hätte ich einen Termin frei. Ja, schon. Aber ich bin müde. Doch wenn er lebensmüde ist? Das kann ich nicht ausschließen. Also gebe ich ihm heute einen Termin. Das innere Gespräch könnte, wenn andere Informationen vorlägen, auch anders enden.

Ein anderes Beispiel: Durch meine Erfahrung mit inneren Bildern habe ich eine Entdeckung gemacht, die mich (und andere, die sie selbst erleben, auch) immer wieder begeistert. Es gibt den *Lebenskünstler* in uns. *Er ist die Personifizierung des Ja-Sagers*. Jeder hat ihn in sich. Wenn er sich nicht zeigt, ob bewusst oder unbewusst, haben wir ihn nicht zugelassen, ihn verweigert oder verdrängt. Aber er lebt weiter in uns, so oder so. Ob auch Ältere den Lebenskünstler in sich haben? Aber selbstverständlich. Denn er ist ja etwas spezifisch Menschliches.

Wir erleben den Lebenskünstler besonders eindrucksvoll in Wertimaginationen, jenen bewussten »Wanderungen« in und durch die innere Welt. Wir können ihn aber auch bewusst erfahren, wenn wir uns bewusst auf ihn einstellen. Dann können wir Folgendes erleben:

Nehmen wir an, Sie haben ein Problem mit einem bestimmten Menschen, zum Beispiel mit Ihrem Partner. Hören Sie zunächst bewusst auf das, was der *Nein-Sager* dazu sagt. Sie werden rasch bemerken, dass das Problem, um das es geht, Ihnen bald noch unangenehmer vorkommt als bisher. Ihr Ärger oder Ihre Traurigkeit nimmt zu. Ihre Gedanken kreisen nur noch um das, was Ihre Stimmung trübt.

Dann wenden Sie sich bewusst Ihrem *Lebenskünstler* zu. Er äußert sich nicht gleich. Sie müssen sich schon auf ihn ausrichten. Was sagt *er* Ihnen zur Bewältigung des Problems? Sicher vertieft er nicht Ihren Trübsinn. Vielmehr stellt er Ihnen einige einfache, manchmal auch ihn selbst belustigende Fragen, zum Beispiel diese: Meinst du, dass dieses Problem dich an den Rand der Verzweiflung bringen könnte? Wenn du nicht einen so leeren Magen hättest, würdest du dich dann auch so aufregen? Hast du dein Problem schon von diesem Standpunkt aus betrachtet? Hast du den schönen Brief vergessen, den du heute Morgen bekommen hast? Wahrscheinlich wird dich das Problem heute den ganzen Tag beschäftigen, morgen jedoch wirst du dazu Abstand haben. Glaubst du etwa, dass du keine Lösung finden wirst?

Es kann auch sein, dass er Ihnen, wenn Sie sich ihm zuwenden, nur ein Gefühl der Leichtigkeit vermittelt und Sie darüber zu staunen beginnen, dass Sie sich von dem Problem so stark haben irritieren lassen.

Es gibt eine Frage, die besonders in der zweiten Lebenshälfte von besonderer Bedeutung ist: Wer bin ich *auch*? Nicht nur der mir bekannte Mensch, sondern auch der mir überhaupt nicht bekannte, der, dem ich bislang mit großem Geschick aus dem Weg gegangen bin, der besondere, unverwechselbare Mensch in mir, der vielleicht viel »größer« ist, als ich bislang dachte. Wie immer das Leben bis hierher verlief: Wer sich Zeit nimmt, seiner eigenen Seele zuzuhören, wird erfahren, dass Probleme, Konflikte, Ungereimtheiten da sind, dass aber die Seele weiter ist als all das, was sie einzuschnüren droht. Deshalb bitte ich Sie, sich auf die folgenden Gedanken einzulassen:

> Wenigstens einmal solltest du es wagen.
> Wenigstens einmal solltest du dir ein Herz fassen und danach suchen.
> Wenigstens einmal solltest du die Erfahrung machen, dass deine beherzte Suche nach dem, was du an dir erfreulich findest, dein Leben verändern kann.
> Das Negative drängt sich dir von selbst auf, das Positive musst du suchen.
> Worin du kein Meister bist, darauf machen andere dich aufmerksam.
> Was du wirklich gut kannst, darauf weisen andere dich nur manchmal hin.

Wenn du jedoch mehr als bisher weißt, was du an dir erfreulich findest, bist du nicht nur gelassener, sondern auch freudiger, nicht nur freier, sondern auch liebevoller zu dir, zu anderen, zum Leben.

Mir tut's gut, wenn ich diese und ähnliche Gedanken zulasse, wenn ich sie nicht nur reflektiere, sondern mich auch auf sie *einlasse*. Ob das Gewinn bringt? Ich weiß es nicht genau. Ich empfinde nur, dass ich mich dann dem Leben näher fühle, dass sich mein Bewusstsein weitet, dass vieles, was mich ärgert, an Bedeutung verliert. Dass ich mich der viel gerühmten Mitte nähere. Was ich vor allem fürchte? Dass ich in den letzten Abendstunden meines Lebens einmal sagen muss:

Ich habe mein Leben nicht wirklich gewollt.
Ich habe mein Leben nicht wirklich gesucht.
Ich habe mein Leben nicht wirklich geliebt.
Ich habe mein Leben nicht wirklich angenommen.
Ich habe zu viel ungelebtes Leben zurückgelassen.

»Ich bin Realist. Geist? Das ist nur was für Philosophen.« – Oder: Bewahren Sie sich den Geist, denn er ist das Wichtigste im Menschen!

Dieser Abschnitt dreht sich um etwas, das mir besonders am Herzen liegt. Dabei geht es mir nicht um Philosophie, nicht um Theologie, sondern um Gedanken, die ganz viel mit uns selbst zu tun haben.

Vielleicht sagen Sie nicht frei von Ironie: Bisher habe ich Sie gut verstanden. Nun aber heben Sie ab in Gefilde, die mit meinem konkreten Leben nichts zu tun haben. Was hat denn Geist mit Alter zu tun? Ich brauche was Handfestes, um das Altern hinzukriegen … Ich möchte Ihnen zunächst mit einem Bild antworten:

> Der Wind weht ums Haus. Er säuselt, er pfeift, er stürmt, und manchmal scheint er das große Gebäude sogar wegfegen zu wollen. Ich sehe ihn nicht, *ich sehe nur, was er bewegt*. Ich höre ihn, doch kann ich ihn nicht greifen. Ich stemme mich ihm entgegen und erlebe seine Kraft, doch fassen, gar erfassen, kann ich ihn nicht. Der Wind ist da, ist gegenwärtig. Das kann niemand bezweifeln, obwohl ihn niemand sieht.

Der Geist gleicht dem Wind. Auch den Geist sehe ich nicht, ich sehe nur, was er durch mich bewegt: Mir kommen Ideen, mir kommt die Gewissheit, eine Idee durchsetzen zu können, mir kommt die Kraft, sie zu verwirklichen. Ich setze sie in die Tat um. Der Geist ist da, ist gegenwärtig. Das kann niemand bezweifeln, obwohl ihn niemand sieht.

Der Geist und der Wind – sie kommen aus Räumen, die ich nicht erkenne, sie ziehen zu Räumen, die ich nicht sehe. Jetzt sind sie da, spürbar, fühlbar, mächtig, sind dichteste Wirklichkeit. Doch fassen, gar erfassen, kann ich sie nicht.

Was ist Geist?

Meiner Erfahrung nach ist *Geist* die Mitte der Seele, das Wichtigste, das, worauf es letztlich ankommt, wenn es um Entscheidungen und Handlungen geht. Geist ist *Denk- und Gestaltungskraft*. Darüber hinaus auch so etwas wie ein inneres *Empfangsorgan*. Wenn Sie zum Beispiel ein Konzert hören – denken Sie an Ihre Lieblingsmusik – und Ihnen die Tränen kommen, weil Sie so gerührt oder berührt sind, dann ist es der Geist in Ihnen, der über diese musikalische Schönheit staunt, der Ihre Stimmung verändert, der Sie auf andere, vielleicht »tiefere« Gedanken bringt, vielleicht auf solche, die nicht nur zu mir, sondern zum *Menschsein überhaupt* gehören. Etwa diese: Woher komme ich? Was ist meine Aufgabe in meinem Dasein? Was geschieht mit mir, wenn mein Leben endet? Was ist das für eine Welt jenseits meines Verstandes, ja sogar jenseits meiner Ahnungen? Die moderne Physik sagt uns, dass außer unseren Dimensionen Raum und Zeit noch weitere Dimensionen zur Welt und damit zum Leben gehören. Darüber möchte ich mehr wissen!

Geist und Werte

Von Werten ist heute viel die Rede. Ich spreche allerdings nicht von Juwelen, Aktien und anderem Werthaften, sondern vom Wertvollen, von spezifisch menschlichen Werten. Sie sind Leitlinien zur Orientierung auf der Suche nach Sinn. Sie gleichen Bojen auf dem Strom, die den Schiffen behilflich sind, ohne Schwierigkeiten in den Hafen einzulaufen. Werte haben, *wenn wir uns auf sie einlassen,* eindenken, konzentrieren oder einfühlen, wenn wir möglicherweise auch innere Bilder von ihnen kommen lassen, eine hohe Attraktivität. Sie können das Leben (neu) fundieren, können ihm eine feste Grundlage geben. Diese Werte sind es auch, die insbesondere für den Menschen in der zweiten

Lebenshälfte von besonderer Bedeutung sind. Die wichtigsten dieser Werte möchte ich Ihnen nun vorstellen.

- *Geduld,* denn wer geduldig ist, lebt *in* der Zeit und hofft darauf, dass sich die kommende Zeit auch von ihrer guten Seite zeigen kann.
- *Liebe,* denn wer liebt, bejaht das Leben. Wer Leben bejaht, nimmt es an. Wer es annimmt, wird – in aller Regel – nicht von ihm enttäuscht.
- *Wahrhaftigkeit,* denn der, der weder sich selbst noch anderen etwas vormacht, ist nicht gespalten, sondern mit sich eins.
- *Echtheit,* denn wer echt lebt, also authentisch und daher seinem eigenen Wesen entsprechend, macht sich und anderen nichts vor.
- *Weisheit,* denn wer versucht, weise zu werden, fragt nach den tieferen Zusammenhängen und Gesetzmäßigkeiten des Lebens und lässt sich daher nicht so rasch von den üblichen Schwierigkeiten und Konflikten irritieren.
- *Vertrauen,* denn wer sich selbst und anderen vertraut, fixiert sich nicht auf das Bedrängende und Bedrückende, sondern lenkt seinen Blick primär auf die in ihm selbst und im Leben liegenden Möglichkeiten.

- *Heiterkeit,* denn wer die erheiternden Seiten des Lebens zu sehen lernt, nimmt vieles nicht mehr allzu ernst und erfreut sich darüber hinaus der Sympathie seiner Umwelt.
- *Weitherzigkeit,* denn wer anderen gegenüber weitherzig ist, dem weitet sich das eigene Herz, der schafft Wärme in der Welt und erfährt, wie der Heitere, die Sympathie vieler anderer.
- *Verantwortlichkeit,* denn wer bereit ist, Verantwortung zu übernehmen, antwortet auf die Fragen, die ihm das Leben stellt. Das hat zur Folge, dass er befreit ist vom lästigen Kreisen um das, was er nicht ist, nicht hat und nicht kann.
- *Humor* ist Ausdruck innerer Freiheit, des inneren Abstandes zu sich und anderem Leben, ist helle, warme Heiterkeit des Herzens, die viel Erfahrung hat mit Leben und ganz viel davon weiß, dass Leben möglich ist, so oder so.
- *Freiheit,* denn wer im Rahmen seiner Möglichkeiten frei ist, lebt das Beste aus sich heraus. Er entscheidet selbst. Er bestimmt die Richtung, in die er leben möchte. Er bejaht das Leben. Er liebt es.

Geist und Religion

Ist die Welt sich selbst überlassen oder gibt es einen Regisseur? Etwa Gott? Und wenn es einen Gott gibt – wer oder was ist das? Und wenn es keinen Gott gibt? Seit vielen Monaten geht mir der Satz des britischen Schriftstellers und Atheisten Julian Barnes nicht aus dem Kopf: »Ich glaube nicht an Gott, aber ich vermisse ihn.« Und weil wir im sogenannten christlichen Abendland groß geworden sind – was hat dieser uns heute so fremd gewordene Christus mit Gott zu tun? Was ist und welche Bedeutung hat überhaupt Religion?

Auf einen Nenner gebracht: Religion bedeutet, vom Wortursprung her, die Rückverbindung an etwas, das größer als man selbst ist, eine Rückverbindung zum Göttlichen, worin dieses »Göttliche« auch immer bestehen mag – es muss nicht der christlich verstandene, personale Gott der Bibel sein. Aber warum ist sie so wichtig, dass sie zu unserem Leben – und damit auch in dieses Buch – gehört?

Dass Religiosität mehr ist als eine philosophische Luxusbeschäftigung, kommentiert der große Menschenkenner, der berühmte Schweizer Psychologe Carl Gustav Jung so: »Ich möchte Ihnen folgende Tatsachen zu bedenken geben: Seit 30 Jahren habe ich eine Klientel aus allen Kulturländern der Erde. Viele Hunderte von Patienten sind durch meine Hände gegangen. Unter allen meinen Patienten jenseits der Lebensmitte, das heißt 35, ist nicht ein einziger, dessen endgültiges Problem nicht das der religiösen Einstellung wäre. Ja, jeder krankt in letzter Linie daran, dass er das verloren hat, was lebendige Religionen ihren Gläubigen zu allen Zeiten gegeben haben, und keiner ist wirklich geheilt, der seine religiöse Einstellung nicht wieder erreicht, was mit Konfessionen oder Zugehörigkeit zu einer Kirche natürlich nichts zu tun hat.«[8] An anderer Stelle ergänzt er: »Er [der Mensch, Anm.] muss erfahren, was ihn trägt, wenn er sich nicht mehr tragen kann. Einzig diese Erfahrung gibt ihm eine unzerstörbare Grundlage.«[9]

Sie fragen, welche Bedeutung die Themen Geist und eine so verstandene religiöse Anbindung für mich selbst haben? Sie sind das Wichtigste in meinem Leben. Sie interessieren mich leidenschaftlich. Sie bewegen mich ständig. Wenn ich mich mit ihnen befasse, will ich auf die oben genannten Fragen Antworten haben. Und wenn ich auch nur annähernd darauf Antworten finde, spüre ich, dass sich meine Seele weitet, dass ich gelassener auf die mir noch verbleibende Zeit sehe, dass ich mich wert fühle, dass meine Angst vor Sterben und Tod sich verringert, dass sich das Gefühl einstellt, dass letztlich alles gut sein wird.

Jetzt sind wir wieder da, wo es konkret wird. Es könnte jedoch sein, dass dieser Abschnitt Ihnen sogar hilft, einen größeren Abstand zu Ihren möglichen kleinen und großen Alltagssorgen zu gewinnen.

»Geld ist nun mal das Wichtigste!« – Oder: Über die Akzeptanz des Notwendigen, aber das Vertrauen zum Eigentlichen, zum Leben

Manche LeserInnen werden sagen: Was ist, wenn mich die Sorge ums Geld nicht loslässt? Ob es bis zum Schluss reicht? Keiner weiß doch, ob nicht irgendwann die Rentenkassen leer sind. Es ist doch so viel von Altersarmut die Rede. Vielleicht trifft sie auch mich. Was mach ich dann? Viele Alte landen im Altersheim! Sollte ich schon heute dafür sparen? Oder könnte ich mir jetzt noch was gönnen? Von einem ruhigen Lebensabend wird jedenfalls kaum noch die Rede sein können. Oder?

Ich habe den Eindruck, dass gerade heute das Geld für viele Zeitgenossen zum wichtigsten Wert aufgestiegen ist. Dass es für sie wichtiger zu sein scheint als alles andere. Wichtiger als die Hoffnung, die Zuversicht, die Mitmenschlichkeit, die Begeisterung fürs Leben. Geld scheint zum Primärwert geworden zu sein, also zum wichtigsten Wert auf der Suche nach gelingendem Leben.

Natürlich brauchen wir Geld, um existieren zu können. Natürlich wäre es gut, wenn wir mehr Geld zum Leben hätten als nur zum Überleben. Was aber ist, wenn es wirklich zum *Wichtigsten* im Leben wird? Wenn *tatsächlich* das Geld »die Welt regiert«, und auch unser persönliches Dasein? Wenn die Sorge ums Geld die Tage und Nächte bestimmt? Wenn Geld gleichgesetzt wird mit *Sinn* und alles andere zweitrangig wird? Wenn ich an diese Möglichkeit denke, legt sich mir ein langer Schatten auf mein Gemüt.

Ja, ich kenne auch die Sorge ums Geld. In schwierigen Zeiten habe ich jedoch immer darauf vertraut, dass es Lösungen geben würde: Freunde, ein besonderer Auftrag, überraschende Rückzahlungen vom Finanzamt, ein unerwartetes Geschenk, überhaupt: Überraschendes.

Vor über 30 Jahren baute ich ein Haus. (Das tue ich nie wieder.) Unerfahren, wie ich war, übertrug ich den Bau einem Mann, der mich betrog. Das Ergebnis war sehr unangenehm: Ich verlor viel Geld. Da kam mir ein Herr zu Hilfe, der offensichtlich meine Arbeit schätzte. Er schenkte mir viel Geld. So viel Geld, dass ich ihm tief dankbar war (und nach wie vor bin). Und er, dieser Herr? Er machte mir den Dank ganz leicht. Er hat auch später keine einzige Bemerkung gemacht, um mich an sein Geschenk zu erinnern. Ich vermute, dass er mir darüber hinaus mein etwas verdunkeltes Weltbild wieder aufgehellt hat. Ich werde ihn nie vergessen.

Und in der Zeit vor dem Geschenk? Manchmal drängte die Sorge ums Geld meine Freude am Leben zurück, aber nicht auf Dauer. Das habe ich ihr nicht erlaubt! Geld ist zwar ein Wert, aber kein Primärwert. Wichtiger ist ein anderer: *dem Leben vertrauen zu lernen*. Weil das so wichtig ist, geben Sie mir bitte Zeit, mich darüber länger auszulassen, denn ich bin sicher, dass die folgenden Abschnitte auch für das ganze Buch bedeutsam sein könnten. Also: dem Leben vertrauen?

Dem Leben vertrauen lernen

Das heißt: Wenn ich dem Leben vertraue, habe ich das Gefühl, mich auf mich selbst und meine Umgebung verlassen zu können. Dem Leben vertrauen – das bedeutet, dass ich mit dem Unglück nicht eins werde, *dass ich immer mehr bin als das, was auf mir lastet*. Dass die Vögel des Lichts immer wiederkehren und sich nicht von ihren dunklen Artgenossen vertreiben lassen. Dem Leben vertrauen heißt auch, dass ich von der hintergründigen Wirklichkeit mehr erwarten kann als von der vordergründigen Realität, dass ich mich im Leben zu Hause fühle, trotz allem, was mich bedrängt.

Die hintergründige Wirklichkeit? Das ist jener Bereich des Unbewussten, aus dem die ermutigenden Träume kommen, jener Bereich, den wir in unserer Arbeit aufsuchen, wenn wir in der Seele wandern gehen. Ich erinnere mich an ein Beispiel:

> Ein Vater, der sich nach der Trennung von seiner Frau um die weitere Entwicklung seiner Kinder, vor allem um die seiner zehnjährigen Tochter sorgte, sah im Traum einen langen, scheinbar sumpfigen Graben. Er sah, und fühlte sich dabei wie gelähmt, in dem Graben ihren Lebensweg vorgezeichnet. Denn er befürchtete, sie werde darin keinen Halt finden. Bei näherer Untersuchung jedoch stellte sich heraus, dass der gesamte Grabenweg nur oberflächlich sumpfig war. Unmittelbar unter der Oberfläche befand sich ein Steinweg. Der Träumer fühlte sich tief erleichtert. Er fand die Gewissheit, dass sein Kind auf dem Weg durch den Graben in den nächsten Jahren Halt finden würde. Zahllose Träume vergleichbarer Art haben Menschen in schwierigen Lebenslagen Halt gegeben.

Dem Leben vertrauen, dass ist die im Herzen verwurzelte Hoffnung, dass Sinn durchs Leben strömt, auch wenn ich ihn manchmal nicht sehe. Dem Leben vertrauen – weniger dem Sachlichen, das wir anfassen, messen und erklären können, mehr dem, was nicht gleich ins Auge fällt, dem Kern, dem Wesen der Dinge. Dem, wovon die Kinder so viel wissen – den verborgenen Schätzen, die oft geleugnet werden, nur weil man sie nicht sieht. Dem Leben vertrauen, das heißt im Tiefsten, der hellen warmen Hand zu trauen, von der die Träume so viel wissen, jener Hand, die das ganz große und das kleine Leben trägt.

Je weniger ich mir vorstelle, desto weitsichtiger bin ich.
Ein Gegenspieler des Vertrauens ins Leben sind unsere düsteren *Vorstellungen,* die wir uns vom Leben machen – zum Beispiel, dass die Zeiten immer »schlimmer« werden, dass der nächste Weltkrieg nicht lange auf sich warten lassen wird, dass die Rente weiter gekürzt wird, dass nach dem letzten Streit mit den Kindern sie nicht mehr wiederkommen werden etc. Denn was wir uns negativ vorstellen, kann uns den hoffnungsvollen Blick ins Weite verstellen. Keineswegs müssen die Zeiten schlimmer werden, keineswegs muss der nächste Krieg

bald kommen, keineswegs muss die Rente gekürzt werden. Und die Kinder? Ob sie nicht versöhnungsfähig sind?

Vielleicht stellen Sie sich vor, dass Sie viel offener mit Menschen umgehen könnten, wenn diese anders wären als Sie. Vielleicht stellen Sie sich vor, dass Sie viel mehr Lebensmut hätten, wenn Sie körperlich weniger anfällig wären. Vielleicht stellen Sie sich vor, Ihr Leben würde ganz anders verlaufen, wenn Ihre Rente höher wäre. Je mehr wir uns vorstellen, wie unser Leben sein sollte oder zu sein hätte, desto weniger erkennen wir, *was das Leben von uns will* oder was es mit uns vorhat. Ein schlichtes Beispiel:

> Ich war, wie ich bereits erwähnte, wissenschaftlicher Assistent von Prof. Helmut Thielicke. Ich kannte meinen Chef wirklich gut und wusste, wie gütig er war. Nun gehörte es zu meinen Aufgaben, gemeinsam mit meinen Kollegen die Studenten während ihres Examens zu begleiten. Einer unter ihnen musste zu Thielicke und war kurz vor seinem Termin dem Zusammenbruch nahe. Warum? Nun, er sah sich politisch links, während mein Chef törichterweise rechts eingestuft wurde. Der Student stellte sich nun vor,

dass er von dem berühmten rechten Mann in Grund und Boden geprüft werden würde.
Als er das Prüfungszimmer verließ, schien sich sein Zustand verschlechtert zu haben: Seine Augen schienen gegeneinander zu rollen, seine Stimme war heiser. Sein Schlips hing in weitem Bogen von seinem Hals entfernt. Dann endlich erlöste er uns mit einem lauten Siegesschrei von unseren Befürchtungen. Als er sich wieder gesammelt hatte, stützte er seinen Kopf auf den ihm hingestellten Tisch und sagte immer wieder: »Dieser Thielicke … der war ja so toll!«

Wenn ich mir etwas vorstelle, sehe ich nicht die Realität, sondern ein Wunsch- oder Angstbild. Beide Bilder haben wenig oder nichts mit dem konkreten Leben zu tun.

Das größere Vertrauen sucht nach größeren Zusammenhängen.
Es gibt zwei Formen des Vertrauens. Die erste bezieht sich auf konkrete Dinge, die andere nicht. Ein Kranker etwa vertraut darauf, dass seine Wunden heilen. Der von seinem Partner Verlassene vertraut darauf, dass der andere eines Tages zu ihm zurückkommt. Diese konkrete Form des Vertrauens zielt in

die Welt der Wünsche. Sie hat auswechselbare Ziele und kann deshalb auch enttäuscht werden.

Das größere Vertrauen richtet sich nicht auf Konkretes, sondern auf Unbestimmtes. Das größere Vertrauen erfüllt sich nicht im unruhigen Land der Vorstellungen und Wünsche, sondern überschreitet dessen enge Grenzen. Dieses Vertrauen bezieht sich auf den Sinn. Es streckt sich nach dem größeren Zusammenhang von Leben aus. Es verzagt auch nicht gleich, wenn der Sinn sich noch nicht zeigt.

Wer so vertraut, lässt die quälende Ichbezogenheit hinter sich und befreit sich von seiner Fixierung auf die konkrete Not oder das konkrete Glück. Wer so vertraut, wird gelassen, weil sich die Angst zurückzieht und er für das Gefühl frei wird, im Leben – trotz allem – gut aufgehoben zu sein.

Früher gelebtes Vertrauen kann wieder gegenwärtig werden.

Wer (wieder) zu vertrauen lernen will, kann sich an frühere Zeiten erinnern, in denen er vertrauen konnte. Er kann das früher verinnerlichte Gefühl des Vertrauens wiederkommen lassen, indem er die Situation, in der es entstand, erinnert: Wann war das? Wo war das? Mit wem hatte ich zu tun? Worum ging es damals? Was geschah, als ich vertraute?

Fragen dieser und ähnlicher Art sind geeignet, die alte gefüllte Zeit des Vertrauens wieder nah an die Gegenwart heranzuführen und die Qualität dieses Gefühls neu zu begreifen. Wer das verinnerlichte Vertrauen erinnert, tastet sich nicht nur an das zurück heran, was einmal war, sondern belebt die gegenwärtige Suche nach Vertrauen, das jetzt gebraucht wird. Eine kleine Hilfe möchte ich Ihnen geben:

> Wie wäre es, wenn Sie sich einmal daran erinnerten würden, wann Sie richtig vertraut haben und nicht enttäuscht wurden? Wann war das? Wo war das? In welcher Situation war das? Wer war dabei? Und vor allem: Worum ging es?
> Schließen Sie doch einmal Ihre Augen (wenn Sie allein sind).
> Genießen Sie, wie es in Ihnen ganz von selbst atmet.
> Dann suchen Sie in Ihrer Erinnerung die Zeit, den Ort, die Situation auf.
> Nein, es geht nicht um eine Imagination. Es geht um die Erinnerung daran, was real war.
> Bleiben Sie eine Weile dort, wo sie damals – oder erst vor Kurzem? – waren.
> Was löst diese reale Erinnerung in Ihnen aus?
> Fühlen Sie wieder das Vertrauen, das sie hatten?
> War das etwa eine Illusion?

Selbstvertrauen führt zu Vertrauen ins Leben. Sag mir, wie du dir begegnest, und ich will dir sagen, wie du dem Leben begegnest.

Aus Selbst-Sicht wird nämlich Welt-Sicht. Die Entwicklung von Selbstvertrauen ist daher die Voraussetzung für die Entwicklung von Vertrauen ins Leben. Wie kann man Selbstvertrauen entwickeln?

Wenn Sie lernen wollen, sich mehr als bisher selbst vertrauen zu können, dann schauen Sie sich zuerst an, in welcher Weise Sie sich selbst ablehnen. Und dann empören Sie sich gegen die Missachtung Ihres eigenen Lebens!

Wenn Sie lernen wollen, sich mehr als bisher selbst vertrauen zu können, dann fragen Sie nach Ihrem Selbstmitleid, das Sie nur schädigt, und auch nach Ihrem *Mitgefühl* mit sich selbst, durch das Sie sich selbst zum Freund werden können. Wenn Sie lernen wollen, sich mehr als bisher vertrauen zu können, dann fragen Sie sich auch, worin Sie sich selbst *treu* sein können, vor allem aber danach, worin Sie zu oft ausweichen.

Als ich ein Kind war, hatte ich kaum Selbstvertrauen. Das war auch in meiner Jugend nicht anders. Als ich studierte, schwieg ich. Meine Lehrer kannten mich kaum. Das änderte sich erst, als ich erkannte, dass ich beruflich alles andere als ein Versager war. Wichtig aber wurde für mich der Satz eines Mystikers aus dem Mittelalter: »Ein Mensch, der nicht gelitten hat, was weiß der schon?!« Dieser Satz half mir weiter. Denn gelitten hatte ich in Kindheit, Jugend und darüber hinaus reichlich. Und heute: Ich halte viele Vorträge, bin zu Gast in Funk und Fernsehen. Manchmal, wenn ich vor vielen Menschen spreche, staune ich über meine Freiheit, die ich inzwischen habe. Sicher, um ein gewisses Lampenfieber komme ich nicht herum. Aber das Vertrauen zu mir selbst – das ist da! Auch das Vertrauen ins Leben? Ja, deshalb schreibe ich doch dieses Buch!

Misstrauen schwächt die Hoffnung auf neues Leben.
Das Misstrauen eines Menschen basiert weithin auf negativen Erfahrungen mit Leben. Verallgemeinert er diese, kann Misstrauen zur Grundhaltung im Leben werden. Der misstrauische Mensch hofft wenig, glaubt wenig, sucht wenig, wagt wenig. Er wartet. Er wartet vor allem darauf, dass das eintrifft, was er befürchtet. So zwingt er das Negative geradezu herbei. (Jede Idee hat nämlich die Tendenz, sich zu verwirklichen.) Das aber bestätigt ihn wieder in seiner düsteren Auffassung vom Leben.

Was bestimmt Ihre Grundhaltung? Misstrauen oder Vertrauen? Wenn Misstrauen als Vorzeichen vor Ihrem Leben steht, können Sie kein Vertrauen ins Leben gewinnen. Denn jede Bestätigung des Misstrauens schwächt Ihre Hoffnung, verhindert, dass sich Ihr Geist den Lebens-*Möglichkeiten* anvertraut, und führt dazu, dass Sie zu viele negative Gefühle ausströmen, auf die »die Welt« nicht gerade günstig reagiert. Wer so lebt, lebt nicht ohne Gewinn. Er täuscht sich seltener als der Vertrauende, er traut seiner Vertrauenslosigkeit, er fühlt sich als Realist. Und doch: Das Leben wird nicht warm bei ihm.

Die Hauptsache suchen.

Vielleicht brauchen wir gar nicht viel, um leben zu wollen und Vertrauen ins Leben zu gewinnen. Vielleicht brauchen wir nur das Eine – etwas, das wir die *Hauptsache* nennen können. Vielleicht brauchen wir auch in dieser neuen Zeit nur das, woran wir unser Herz hängen können. Denn wer seine Hauptsache lebt, lebt das Wesentliche. Und wer das Wesentliche lebt, dem füllt sich das Herz. Der aber, dessen Herz gefüllt ist, hat die beste Bedingung dafür, auch im Leben bestehen zu können.

Ganz gewiss haben nicht Geld oder Geltung, nicht Karriere oder Erfolg, nicht die rasch verlierbaren Dinge des Lebens das Zeug dazu, Hauptsache sein zu können. Zur Hauptsache eignen sich nur solche Dinge, die innere Freiheit schaffen und Frieden, innere Wärme und Geborgenheit. Zur Hauptsache im Leben eignet sich eben nur das, was das Herz ausfüllt.

Wo Sie diese Hauptsache finden können? Das kann keiner dem anderen sagen, denn dazu ist jeder von uns viel zu sehr eine eigene Welt. Nur dieses lässt sich sagen: Es ist niemals nur »draußen«, in der äußeren, sondern immer nur und vor allem in der inneren Welt. Ich wünsche Ihnen so sehr, dass Sie die hauptsächliche Aufgabe im Leben – die Hauptsache zu suchen – nicht allzu sehr auf die lange Bank schieben.

Wer sich fürs Leben entscheidet, hat es auf seiner Seite.
Vielleicht ist kaum etwas schwerer zu begreifen und zugleich wichtiger als dieses: Vertrauen finde ich nur, *wenn ich mich fürs Leben entscheide,* selbst dann, wenn es mir bislang nicht lebenswert erschien. Alles, was ich ablehne, entzieht sich mir im Wesen, verschließt den Zugang zu mir, bleibt mir fremd, verhindert mein Verstehen, vertieft in mir die Ablehnung. Dagegen lockt mich vieles, was ich bejahe, ihm näher zu kommen, ihm zu begegnen, es zu er-

kennen, ihm zu vertrauen. Vieles, wenn nicht das meiste, was ich bejahe, gleicht der Blüte, die sich willig der Sonne öffnet.

Leben will angenommen, will nicht abgelehnt sein. Kein Leben zeigt sich in seinem Wesen, wenn ich es verneine. Deshalb warten Menschen, Tiere, Pflanzen, wartet alles Leben auf meine Entscheidung, dass ich es annehme, aufnehme, ja zu ihm sage.

Wer Vertrauen wagt, gewinnt Leben.

Die wichtigsten Dinge im Leben kann man nicht durch gezielte Planungen oder gesicherte Kalkulationen erreichen, die Liebe nicht, die Freiheit nicht, den Glauben nicht und das Vertrauen ins Leben nicht. Vertrauen ist deshalb, wie die anderen genannten Gefühle auch, ein Wagnis.

Manchmal, wenn ich müde bin vom Leben, bedauere ich diese Tatsache, meistens nicht. Warum nicht? Weil ich gerade dadurch das Beste aus mir heraus leben muss und weil nur durch Wagnisse Dynamik ins Leben kommt. Was wäre das auch für ein Leben, das in allem kalkulierbar wäre?

Und wenn man als Wagender immer wieder enttäuscht wird? Ob diese Frage so gestellt werden darf? Erlebt nicht gerade der Mensch, der immer wieder zu vertrauen wagt, immer wieder auch Besonderes, Beglückendes und Unverhofftes? Wer dagegen wenig Vertrauen ins Leben wagt, wird wenige heiße und wenige kalte, er wird viele laue Zeiten erleben. Ich selbst mag solche Zeiten nicht.

Einmal habe ich gewagt, einem Menschen zu vertrauen, dem sonst niemand vertraute – und das war gut! Wolfgang H. besuchte mich manchmal in der Universität. Ich mochte ihn. Er war nie darüber hinweggekommen, dass seine Mutter ihn zur Adoption freigegeben hatte. Viele Arbeitsstellen hatte er gehabt, bei keiner war er lange geblieben. Das hatte auch mit seinem Alkoholproblem zu tun. Nun war er wieder arbeitslos und darüber sehr unglücklich. Bei einem seiner Besuche schaute ich ihn lange an. Da kam mir eine Idee: Ich rief in seiner Gegenwart den mir bekannten Abteilungsleiter eines großen Unternehmens an, schilderte das Problem offen und bat ihn, dem Mann eine Chance in seiner Abteilung zu geben. Ich ergänzte, ich würde mich dafür verbürgen, dass er verlässlich arbeiten würde. Wolfgang H. sah mich mit großen Augen an und nickte, nickte. Sechs Jahre lang hat er verlässlich in dieser Firma gearbeitet.

Es gibt Zeiten, in denen wir nicht mehr vertrauen können. Vielleicht sind wir wieder einmal enttäuscht worden, vielleicht hat uns gerade jemand im Stich gelassen, von dem wir es am wenigsten erwartet hätten. Manchmal sträubt sich unsere Seele dagegen, sich noch einmal auszustrecken nach der Hoffnung und dem Mut und dem Vertrauen. Es sieht dann so aus, als sei das Leben aus uns herausgeflossen. Dann kann es sein, dass unsere Seele auf dem Weg zurückgeblieben ist, weil sie nicht mehr weiterkonnte.

Dann ist es gut, sich einfach fallen zu lassen, der inneren Müdigkeit Raum zu geben und nichts mehr zu erwarten, weder von sich noch von anderen. Manchmal ist diese Ruhe, die wir uns gönnen, der einfachste und rascheste Weg, wieder aufzustehen und das verborgene Vertrauen wieder spüren zu können. Ach, wenn wir uns doch häufiger auf diese uralte Lebensweisheit einließen.

Vertrauen ins Leben macht Leben wertvoll.
Es ist leicht, Vertrauen ins Leben zu haben, wenn alles gut verläuft – wenn die Partnerschaft gelingt und der Beruf, wenn die Gesundheit nichts zu wünschen übrig lässt und auch die materiellen Dinge in Ordnung sind. Es ist nicht so leicht zu vertrauen, wenn Wichtiges fehlt oder gestört ist.

Aber: Vertrauen ins Leben ist nicht identisch mit Vertrauen darauf, dass ich bekomme, was ich möchte. Vertrauen ins Leben meint vielmehr, dass, was immer auch kommt, ob Schmerz oder Glück, das Leben sinnvoll bleiben kann. Ein solches Vertrauen kann seinen tiefsten Grund nicht in der Erfahrung einer guten Kindheit allein haben. Es kann letztlich nur in der Erfahrung begründet sein, dass unter dem bewegten Seelenmeer ein tragender Grund ist. Und in der Tat ist dieser Grund erfahrbar, jedenfalls für den, der ihn in seiner eigenen Seele sucht. Ich nenne ihn Gott.

Ich erwähnte eingangs, dass ich Krebs habe. Ich hatte auch Metastasen. Im Sommer 2011 erfuhr ich die Diagnose. Was mir auf dem Bildschirm gezeigt wurde, glaubte ich zunächst nicht. Aber die Diagnose konnte ich schließlich nicht leugnen. Der Schock war schlimm. Dann sagte ein Arzt, man könne durchaus etwas gegen den Krebs tun. Dieser Satz verschaffte mir eine erste Erleichterung. Kostbar waren viele Nachtgespräche mit meiner Frau. Kostbar, weil unsere Liebe die furchtbaren Schatten, die die Diagnose geworfen hatte, verringerte. Theologische Literatur, auch und besonders das berühmte Buch *Prognose*

Hoffnung[7] des Krebsspezialisten Bernie Siegel halfen weiter. Dann verdichtete sich meine Ahnung, dass das »Schicksal« nicht immer zuschlägt: Die ärztliche Behandlung zeigte erste Früchte. Schließlich: Die Stimme des Zweiflers in mir, ob »es«, das Leben, weitergehen könnte, wurde leiser. Vertrauen wurde fühlbar. Vertrauen in Gott.

Etwas anderes: Wenn ein Mensch zu mir kommt, für den ich fachlich zuständig bin, vertraue ich in aller Regel darauf, dass wir miteinander sein Leben verändern können. Ich vertraue mir und meinen Erfahrungen, ich vertraue ihm und seiner Seele. Denn ich gehe davon aus – ich habe diesen Satz schon oft geschrieben –, dass ein Mensch immer *mehr* ist als sein Problem. Das ist für mich ein zentraler Grund, darauf zu vertrauen, dass Änderungen möglich sind. Ich werde selten enttäuscht.

Was bedeutet »mehr als ein Problem«? – Seit meinem 16. Lebensjahr lebe ich mit meiner inneren Welt: mit Gedanken, die in mir aufsteigen, mit Fantasien, die mir kommen, mit meinen Träumen, über die ich staune. Deshalb war es für mich auch nicht verwunderlich, dass ich beruflich vor vielen Jahren damit begann, mich konkret mit dem sogenannten Unbewussten zu beschäftigen (ich spreche viel lieber von der *inneren Welt*), insbesondere mit dem Bereich, in dem die spezifisch menschlichen Gefühle ihren Grund haben, zum Beispiel die Liebe, die Freiheit, die Verantwortung, der Mut, die Kreativität oder die Spiritualität. Irgendwann fand ich eine Methode, die es ermöglicht, den Weg zu ihnen zu finden: die von mir so benannte Wertimagination.[8]

Inzwischen habe ich viele Male Menschen auf dem Weg in die innere Welt begleitet und die Gewissheit gewonnen, dass in jedem Menschen viel »wartendes Leben« liegt, das darauf wartet, endlich leben zu dürfen: mehr Liebe, mehr Freiheit, mehr Verantwortung, mehr Mut, mehr Kreativität, mehr Spiritualität etc. Ich habe die Gewissheit gewonnen, dass Menschen viel reicher sind, als sie wissen. Vieles, was uns zum Schicksal wurde, ist meiner Überzeugung nach Mangel an Kenntnis dessen, wozu ein Mensch in der Lage wäre, wenn er mit diesem Bereich seines Menschseins vertrauter wäre. (Es gibt offensichtlich nicht nur technologische, sondern auch menschliche Möglichkeiten zur Weiterentwicklung). Inzwischen haben auch viele alternde Menschen Zugang zu dieser faszinierenden Welt gefunden. Ein kleines Beispiel einer inneren Wanderung:

Eine alleinstehende Frau hat drei Kinder. Zwei der drei sind geistig behindert. Die Frau meistert das familiäre Leben in bewunderungswürdiger Weise. Doch leidet sie noch immer unter dem lieblos harschen Verhalten ihrer eigenen Mutter. Da sieht die Frau in ihrer Imagination, wie ihre alte Mutter, die bis dahin die behinderten Kinder abgelehnt hatte, den Raum betritt und eines der beiden liebevoll auf den Arm nimmt. Die Imaginandin ist tief bewegt und söhnt sich in der Folgezeit mit ihrer Mutter aus.

Ein Wunschtraum? Nein. Sondern die reale Möglichkeit der Seele, das, was in der Vergangenheit schwer oder zu schwer war, auszugleichen oder auszusöhnen. Von solchen und vielen Erfahrungen schöpfe ich mein Vertrauen für mich und meine Klienten. Die einzige Voraussetzung, mit dem »wartenden Leben« vertraut zu werden, besteht darin, offen dafür zu sein, dass die Seele tiefer ist als der Ozean.

Auch die Zukunft hat einen festen Grund.
Vertrauen ins Leben – gut und schön, werden Sie sagen. Aber wie kann man vertrauen, wenn man so gar nicht weiß, was in Zukunft auf uns zukommt?

Wenn zum Beispiel die Technologien immer mehr den Menschen ersetzen oder die Arbeitswelt immer mehr technisches Wissen verlangt oder die Globalisierung die Heimat zur Fremde macht? Gibt es nicht viele düstere, realistisch erscheinende Zukunftsprognosen zu diesen und ähnlichen Themen?

Es hat schon manches Mal Prognosen ernst zu nehmender Wissenschaftler gegeben, die der Wind der Zeit rasch ins Land des Vergessens wehte. Wissenschaftliche Aussagen sind Aussagen über die Bereiche des Lebens, die man sicher kennt. Deshalb sind alle Aussagen über die Zukunft unsichere Aussagen. Meine persönliche Antwort: Ich glaube, dass durch alles Leben hindurch ein warmer Sinnstrom fließt, der auch dann warm bleibt, wenn er in den unterschiedlichsten Landschaften des Lebens sich neu Bahn bricht. Und ich glaube, dass mir selbst und anderen letztlich nichts passiert, was nicht die Zollstelle des großen Sinngebers passiert hätte.

»Alle Tage«, sagt der Philosoph Ulrich Hommes, »zieht die Fülle der Welt an uns vorüber, alle Tage wird es hell, wird Hunger und Durst gestillt, finden Fragen ihre Antwort, lächeln uns Gesichter an und erklingen Lieder. Warum soll alles das vorübergehen, ohne dass wir den Zuspruch aufnehmen und die Verheißung, die es enthält? Nicht große Dinge sind gefragt, wo es um Vertrauen zum Leben geht, entscheidend ist vielmehr zu sehen, was uns alles einlädt dazu, mit Vertrauen zu antworten.«[9]

»Keinen Beruf mehr, keinen Sinn mehr!« – Oder: Lebenssinn geht über den Beruf hinaus; Sinn kann man finden bis zum Tod.

Ich höre Sie, sehr geehrter Herr, sagen: »Irgendwann werde ich in den Ruhestand versetzt. Wenn ich das Wort schon höre! Das wird ein Bruch sein wie kein anderer. Ich bin gern in meinem Job! Was soll ich nur mit mir anfangen, wenn morgens nicht mehr der Wecker klingelt und niemand in der Firma auf mich wartet? Meine Frau macht schon jetzt Andeutungen, dass ich, wenn es denn einmal so weit ist, ja nicht in der Küche herumzustehen habe. Und dann? Einmal im Monat im Seniorenclub auftreten? Enten füttern gehen? Das Auto polieren, bis es einen Kratzer hat? Nein! Danach gibt's keinen Sinn mehr für mich!«

Da bin ich nun ganz anderer Meinung. Ich arbeite noch. Andere gehen in Rente und genießen hoffentlich ihre neue Zeit. Nur bei mir ist das aus gutem Grund nicht so. Aber manchmal, wenn ich abgespannt bin, kommen mir Fantasien, und ich denke, das könnte ich mir auch gut vorstellen:

- Ich hätte Zeit, viel Zeit und könnte endlich die Dinge tun, die ich schon immer tun wollte, zum Beispiel all die ungelesenen Bücher lesen, den Wald am Stadtrand erkunden, den alten Freund besuchen oder die tausend Fotos sortieren und einordnen, endlich die unvernünftigen Dinge tun, die mich innerlich schon lange beschäftigen, viel mehr Zeit für meine Enkelinnen haben, mit dem Fahrrad lange Touren machen, mir ein weiteres Hobby suchen ... Ich müsste nichts mehr leisten und bräuchte mich selbst nicht mehr so wichtig zu nehmen.
- Ich würde mir eingestehen, dass das Berufsleben unwiderruflich vorbei ist. Niemand wartet mehr auf mich! Ich werde bei dieser Aufgabe nicht mehr gebraucht! Es ist wichtig, eine Weile den Schmerz darüber zuzulassen. Denn solange er sich nicht zeigen darf, gibt er keine Ruhe.
- Dann würde ich in aller Ruhe auf das lange Berufsleben zurückschauen, auf sinnvolle ebenso wie auf weniger sinnvolle Zeiten. Dadurch

könnte der Einstieg in die neue Lebensphase erleichtert werden. Wer auf der Schwelle zur neuen Zeit die alten Bilder noch einmal auf sich wirken lässt, nimmt sie zur Kenntnis und verdrängt sie nicht. Wer sie nicht verdrängt, drängt sie auch nicht in die neue Zeit hinein. Wer sich noch einmal anschaut, wie sein Berufsleben verlaufen ist, dem ordnen sich die Eindrücke der vergangenen Zeit und erscheinen ihm in einem gewissen Zusammenhang. Wer sich von seinem Berufsleben *bewusst* verabschiedet, wird freier für seinen neuen Lebensabschnitt.

- Wichtig ist, vor allem das zu begreifen: Der Beruf ist wichtig, aber nicht das Wichtigste! Wenn auf Dauer alles andere – Familie, Freundschaften, Liebhabereien – an Bedeutung zweitrangig wird, wird das Leben einseitig. Dann entwickelt sich zwar die berufliche Identität, nicht aber die persönliche. Irgendwann streiken dann Körper und Seele.

  Keineswegs hängt der Wert eines Menschen nur davon ab, was er tut und was er leistet, sondern auch davon, ob er offen ist für andere Menschen, ob er danach fragt, wer er selbst und was das Leben ist, ob er Interesse an Dingen entwickelt, die nichts mit ihm selbst zu tun haben, ob er menschlich ist.

Wer den Beruf und die Leistung zum Leitwert macht, macht beide zur alleinigen Hauptsache im Leben. Dann aber kommt die Verwirklichung anderer Werte zu kurz: etwa die Liebe, die Freiheit, die Spiritualität oder auch so wunderbare Dinge wie Musik, Malerei oder Sport.

Nichts darf alles sein, so auch nicht der Beruf oder die Leistung. Es gibt nicht einen Wert, es gibt viele Werte. Daher macht nicht *ein* Wert ein Leben wertvoll, und sei er noch so honorig. Erst mehrere gelebte Werte bringen Erfüllung.

- Jeder Mensch hat seine ganz *persönliche* Lebensaufgabe, weil jeder eine unverwechselbare Persönlichkeit ist. Der alternde Mensch muss sich deshalb fragen, ob er diese Aufgabe in seinem Beruf verwirklichen konnte. Es könnte ja sein, dass sie noch immer darauf wartet, gelebt zu werden. Jeder Mensch hat darüber hinaus auch zu *verschiedenen* Zeiten persönliche Aufgaben, und es ist gut, sie zu erkennen.

Vor längerer Zeit suchte mich eine alte Dame auf. Sie kam aus einem psychiatrischen Krankenhaus, in dem sie wegen einer schweren Depression behandelt worden war. Eingesetzt hatten die Störungen wenige Wochen nach dem Auszug aus einem großen Haus, in dem sie gemeinsam mit ihrem Mann für viele Menschen wichtig gewesen war. Nach der Pensionierung hatten sie sich eine kleine Wohnung in einer anderen Stadt gesucht. Nachdem sie sie eingerichtet hatten, begann die Depression. Etwas später starb der geliebte Mann. Nach einigen Gesprächen konnten wir uns verabschieden. Was hatte ihr geholfen?

Vor allem ein Gedanke: Ich sagte ihr, in der Zeit ihres langen und wichtigen Arbeitslebens habe sie bewiesen, dass sie anderen hervorragend habe helfen können. Vielleicht bestehe ihre Lebensaufgabe jetzt darin, auch ohne diese honorige Tätigkeit dem Dasein gute Seiten abzugewinnen. Die kommende Aufgabe sei jedoch zweifellos schwieriger zu bewältigen als die vergangene.

Sie verstand, was ich ihr sagen wollte. Ihr Zustand veränderte sich rasch. Als ich ihr später, nach dem Tod ihres Mannes, zufällig wieder begegnete, war sie an dieser Aufgabe sehr gewachsen und mit sich im Reinen – und es ging ihr trotz ihres Schmerzes über den Tod des Gatten relativ gut.

- Das Ausscheiden aus dem Beruf kann Möglichkeiten eröffnen, die bislang nicht gelebt wurden. Die eine wäre, die Erfahrungen eines langen Berufslebens anderen zukommen zu lassen – Institutionen zum Beispiel, Gesellschaften, Vereinen etc. (Glücklicherweise spricht sich allmählich herum, dass diese Erfahrungen gar nicht hoch genug einzuschätzen sind.)
- Die andere beschreibt der große Psychologe Carl Gustav Jung so – er war zur Zeit des Interviews 86 Jahre alt: »Wenn außer den gewohnten Dingen nichts Neues vor einem liegt, kann sich das Leben nicht erneuern. Es wird schal, gefriert und erstarrt wie die Frau von Lot, die ihren Blick nicht von den althergebrachten Werten abwenden konnte. Doch ganz unspektakuläre Fantasien können in sich den Keim von wirklich neuen Möglichkeiten oder neuen Zielen tragen, die es zu erreichen lohnt. Es gibt immer Dinge, die vor einem liegen, und trotz der überwältigenden Macht der Vergangenheitsmuster sind sie immer wieder anders. Sie sind ›so gut wie neu‹, wie die Menschen, oder sogar wie Kristalle, die trotz ihrer außerordentlich einfachen Struktur nie identisch sind. Man könnte alten Menschen den

> Rat geben, mit der Zeit zu gehen und zu begreifen, dass die Zeit ihnen alle Neuheiten bringt, derer sie bedürfen.«[10] Jung weiß aber auch, dass sein Rat voraussetzt, dass ein alter Mensch noch in der Lage ist, Neues wahrzunehmen und sich damit einverstanden zu fühlen.

Ähnlich wie Jung sieht Viktor Frankl die Möglichkeiten, bis zum Lebensende Sinn erfahren zu können: Jeder Mensch ist einzigartig und unverwechselbar, ebenso sind es die Situationen. Sie sind von Stunde zu Stunde anders, von Stunde zu Stunde neu. Daher ist das Leben eines Menschen eine Kette von an ihm vorüberziehenden Situationen, die Sinn in sich bergen.

Spüren Sie, welches Maß an Hoffnung von dieser Lebenseinstellung ausgeht? Unser Leben ist eine Kette von Sinnmöglichkeiten … Unser Leben ist von Stunde zu Stunde neu … Sinn wartet darauf, dass ich ihn verwirkliche … Und das gilt bis zum Tod.[11]

Wie kann ich konkret Sinn finden? Hier sind 17 Leitsätze zur Sinnfindung, die ich nach 40-jähriger theoretischer und praktischer Arbeit zum Thema Sinn so formulieren möchte:

1. Wer Sinn sucht, muss ihn mit Leib, Seele und Geist suchen – und sich fragen, was ihn konkret leiblich, seelisch und geistig bei seiner Sinnfindung behindert.
2. Es gibt Barrieren vor den »Orten«, an denen Sinn gefunden werden kann. Diese Barrieren haben oft einfache Namen. Sie heißen z. B. Trotz, Selbstmitleid, Neid, Geltungssucht, Aggressivität, Maßlosigkeit, Ichbezogenheit, Unwahrhaftigkeit. Sie sind die Gegenspieler jener Gedanken, Gefühle und Handlungen, die die Bedingungen für ein gelingendes Leben sind.
   Wer sich dem stellt, was ihm den Weg zum Sinn verstellt, beginnt, *sich* zu verstehen, zu sich zu stehen. Er sieht klarer, verhält sich klarer, beginnt zu ahnen, was wirklich wichtig ist. Er verbraucht auch weniger Kraft, weil er weniger verdrängt.
3. Weil der Mensch ein Wesen ist auf der Suche nach Sinn (Frankl), ist bereits jede Sinnsuche ein sinnvoller Akt. Warum? Weil der Mensch sich damit bereits auf dem *Weg* zur Sinnfindung befindet.
4. Die Suche nach Sinn bezieht sich auf alle Bereiche des Lebens, auf die dunklen ebenso

wie auf die hellen. Wer sich bei seiner Suche nur auf die hellen konzentriert, halbiert sein Leben und erfährt daher nicht seine Fülle.

5. Jeder Mensch trägt auf seinem Weg durchs Leben sein ursprüngliches Bild mit sich, das darauf wartet, ausgelebt zu werden. Je näher er diesem Bild kommt, desto wert- und sinnvoller fühlt er sich.
   (Wie ich zu dieser seltsamen Aussage komme? – Durch die Begleitung und Erfahrung von mehreren Tausend »Wanderungen« in die innere Welt, die ich Wertimaginationen nenne.)
6. Wer sich an früheres gelungenes Leben erinnert, weckt in sich das frühere Gefühl für Sinn und das Bedürfnis nach neuem, frischem Leben.
7. Die Stille ist der Ort, an dem die Seele sich am deutlichsten äußert, wer wir sind, was wir brauchen und welche Wege für uns sinnvoll sein könnten.
8. Sinnerfahrung – das ist auch und besonders Erfahrung unserer geistig-unbewussten Welt. Sie ist ein unermesslich großer »Speicher« von inneren Bildern, Farben und Gestalten, eine Welt der Gefühle, Ahnungen und Ideen. Sie zeigt uns, was für uns sinnvoll ist und was

nicht, welche Wege wir gehen sollten und welche nicht. Sie ist der Ort, an dem die »Weisheit des Herzens« zu Hause ist. Wir erfahren sie zum Beispiel im Umgang mit Märchen, Meditationen, Träumen oder Wertimaginationen.

9. Wünsche und Träume können Lotsen zum Sinn sein. Sie weisen den Weg zu den »Orten«, an denen Sinn gefunden werden kann.
10. Das, was uns hier und heute an Lebensmöglichkeiten begegnet, ist der »Stoff«, aus dem sinnvolles Leben entstehen kann. Voll von Leben ist mein Tag, wenn ich die Möglichkeiten ausschöpfe, die ich in ihm vorfinde.
11. Wenn ich vor den Aufgaben, die auf mich zukommen, so wenig wie möglich ausweiche, kommt Sinn auf mich zu. Wenn ich so wenig wie möglich davor ausweiche, erfahre ich auch einen Zuwachs an Lust an der Verantwortung.
12. Wenn ich sage, was ich meine, und tue, was ich sage, – und wenn ich darüber hinaus mein Versagen so wenig wie möglich auf andere schiebe –, komme ich zu mir, bin ich bei mir und bei anderen und mitten im Leben.
13. Man darf auch einmal müde sein und darauf warten, dass sich das Bedürfnis nach und die Fantasie für Sinn von selbst wieder einstellen.

14. Leid ist grundsätzlich keine Barriere gegen Sinnfindung, im Gegenteil: Gestaltetes Leid kann zu vertiefter Sinnerfahrung führen. Entscheidend ist, *worauf* man sieht: auf das, was man nicht (mehr) *ist,* nicht (mehr) *hat,* nicht (mehr) *kann,* – oder darauf, welche Möglichkeiten *noch immer* und *gerade jetzt* und vielleicht *zum ersten Mal* offenstehen.
15. Es gibt etwas, das die angstvolle Frage nach Sinn zur Ruhe kommen lassen könnte. Nichts befreit uns mehr, nichts füllt uns mehr aus, nichts führt uns tiefer zu uns selbst, nichts ist heilsamer als dieses menschlichste aller Gefühle: die Liebe. Die Erkenntnis kann erregen, die Freiheit kann beglücken, die Liebe allein füllt den Menschen aus – wenn sie nicht nur sich selber meint.
16. Zu sich selbst und zu tiefster Sinnerfahrung kommt ein Mensch in dem Maße, in dem er seine ursprüngliche Beziehung zum Grund des Lebens, zum Göttlichen, zu Gott (wieder) erfährt. Die Verweigerung dieser Beziehung wäre einem Baum vergleichbar, der von seinen Wurzeln getrennt würde.
17. Wir könnten unser Dasein interessanter, kraftvoller, wahrhaftiger und sinnvoller leben,

wenn uns bewusst wäre, dass unsere Seele mehrstimmig ist. Mehrstimmig geht es in unserer Seele fast immer zu, einstimmig nur selten. Das heißt?
Unter der Trauer wartet oft die Freude, neben der Angst der Mut, über der Wut zeigt sich nicht selten Verständnis. Vor dem Haus der Ausweglosigkeit wird der Ausweg bereits gepflastert, in die Mauer ein Tor gebaut.
Konkret?
Was fühle ich? Nur die Wut?
Was fühle ich? Nur die Angst?
Was fühle ich? Nur die Trauer?
Je differenzierter wir die Polyphonie, die Mehrstimmigkeit der inneren Stimmen, wahrnehmen, desto weniger drückt mich und desto freier erfahre ich mein inneres Leben.

Begeben Sie sich mit mir doch einmal in diese Vorstellung: Der Tag hat begonnen. Sie sind noch allein. Noch hat niemand Ihnen ein Lächeln zugeworfen, noch hat niemand Ihnen ein böses Wort gesagt. Und auch Sie selbst haben noch keinem zugelächelt und niemandem wehgetan. Die Stunden, die vor Ihnen liegen, sind noch ganz frei von dem einen und dem anderen.

Stellen Sie sich dabei diese Fragen: Was habe ich heute vor mit meinen Stunden? Womit will ich sie füllen? Mehr mit Unwilligkeit? Mehr mit Wohlwollen?

Stellen Sie sich jetzt vor, dass die ganze vor Ihnen liegende Zeit noch unberührt ist wie der erste Schnee in der Frühe des Morgens. Stellen Sie sich vor, dass es vor allem an Ihnen liegt, welche Eindrücke Sie heute in Ihrem und in anderen Leben hinterlassen werden. Ihr Tag hat gerade begonnen. Und deshalb möchte ich Sie von etwas Wichtigem überzeugen. Ließen Sie sich darauf ein, würden Sie darüber staunen, wie auf diese Weise sich Ihr Leben veränderte. Sie heben etwas skeptisch die Augenbrauen? Warten Sie ab! Und da ist noch etwas, das für mich selbst die schönste Gelegenheit ist, mein Leben und den Tag heute auszufüllen. Dazu haben Sie und ich immer wieder die Möglichkeit: das Liebenswerte im Menschen zu suchen.

Wenn es in unserer Arbeit mit Menschen eine Voraussetzung gibt, die wichtiger ist als alle anderen, dann ist es die, danach Ausschau zu halten, was ein Mensch an Liebenswertem, Gutem, Wesentlichem, was er an Begabungen in sich birgt, also über die

»Fehlerfahndung« hinaus vor allem die »Schatzsuche« ernst zu nehmen. Warum?

Weil sich ein Mensch nach nichts mehr sehnt als danach, gesehen zu werden. Wie? In dem, was er *eigentlich* ist, in dem, was ihm vor allem eigen ist und zu ihm gehört. Diese Sehnsucht aber wird nur dann erfüllt, wenn wir ihn nicht einseitig daraufhin anschauen, was er nicht ist, nicht hat, nicht kann, sondern daraufhin, was er *auch* ist, *auch* hat, *auch* kann. Und keine Sorge: Das Schwierige kommt früh genug zur Sprache. Und wenn es zur Sprache kommt, ist wieder von größter Bedeutung, das Liebenswerte und Gelingende nicht aus dem Blick zu verlieren. Deshalb ist ein guter Menschenhelfer ein *Perlenfischer,* oder, mit einem anderen Bild, jemand, der in einer Goldmine nicht primär auf das Geröll, sondern auf das Gold im Geröll der Mine sieht.

Was nun für die berufliche Arbeit mit Menschen gelten sollte, kann selbstverständlich für jede Beziehung von Mensch zu Mensch gelten. Auf diese Weise Menschen zu begegnen, macht glücklich, nicht nur den anderen, auch uns selbst. Und wann immer das geschieht, wird der Raum zwischen Mensch und Mensch warm, wird beiden warm, werden beide weit, entfalten und entwickeln sich, und das Aggressive, Hässliche, Feindliche tritt zurück, der Weg wird frei für Verständnis, Freundlichkeit, Großzügigkeit, Freiheit, für Liebe.

Sie nennen mich einen Schwärmer? Ach, ich habe die negativistische Welt-, Lebens- und Menschenbetrachtung unserer Zeit so satt! Ich kann die stechenden Fragen mancher Tele-Talkmaster nicht mehr hören. Ich mag die ätzenden Berichte über bekannte Menschen, die in eine Krise geraten sind, nicht mehr lesen. Es ist so leicht, Schwächen anderer aufzudecken. Es ist so leicht, einen Menschen zu durchschauen. Es ist so leicht, ihm einen dunklen Stempel aufzudrücken. Gerade das aber macht das Leben von Mensch zu Mensch beglückend, wenn beide versuchen, zuerst nach »der Seele helle Pfade« Ausschau zu halten.

Wie kann das gelingen?

- Durch *Entscheidung:* Durch die Entscheidung, sich dem anderen gegenüber so zu verhalten, wie wir es uns auch von anderen wünschen.
- Durch *Wahrnehmung:* Ich achte zum Beispiel gern auf das Lächeln oder Lachen meines Besuchers und sehe in solchen Situationen, wenn vielleicht auch nur für einen Augenblick, wie sich sein ursprüngliches Bild zu zeigen beginnt.

- Durch die *Sprache*: Da sagt der andere zum Beispiel ein Wort von besonderer Zartheit oder Kraft, guter Sehnsucht oder Schönheit, ein Wort, das aus tieferen Schichten aufgestiegen ist. Oder er erzählt mir von einer Begebenheit, die ihn traurig oder glücklich gemacht hat. Und diese Erzählung klingt so ganz anders als das, was mich kurz zuvor irritierte.

»Mein Leben war nichts als Arbeit.« – Oder: Wenn ich mein Leben noch einmal leben könnte …

Ich habe so manchen Menschen sagen hören: »Mein Leben war nichts als Arbeit.« »Nichts als Arbeit?«, frage ich dann zurück. Oft lautet die Antwort: »Nun ja, es gab das eine oder andere Fest. Wenn die Fußballweltmeisterschaft war, habe ich auch mal freigenommen. Aber sonst? Ich weiß nicht …«

Nichts als Arbeit. Also keine Muße. Keine Hobbys. Keine Konzerte. Kein Theater. Keine Wanderungen. Keine Zeit für all das und noch viel mehr. Kommt da nie Sehnsucht nach alledem und noch viel mehr auf?, frage ich Sie, liebe Leserin, lieber Leser, sollten Sie zu diesen Menschen gehören. Ach, wie würde ich mich mit Ihnen freuen, wenn Sie sich das folgende Gedicht eines unbekannten Autors zu Herzen nehmen würden:

»Wenn ich mein Leben noch einmal leben könnte,
dann würde ich im nächsten Leben versuchen,
mehr Fehler zu machen.
Ich würde nicht mehr so perfekt sein wollen,
ich würde mich mehr entspannen.
Ich wäre ein bisschen verrückter, als ich es gewesen bin,
ich würde viel weniger Dinge so ernst nehmen.
Ich würde nicht so gesund leben.
Ich würde mehr riskieren, würde mehr reisen,
Sonnenuntergänge betrachten,
mehr bergsteigen,
mehr in Flüssen schwimmen.

Ich war einer dieser klugen Menschen,
die jede Minute ihres Lebens fruchtbar verbrachten;
freilich hatte ich auch Momente der Freude,
aber wenn ich noch einmal anfangen könnte,
würde ich versuchen, nur noch gute Augenblicke zu haben.
Falls du es noch nicht weißt,

aus diesen besteht nämlich das Leben; nur aus Augenblicken;
vergiss nicht den jetzigen.
Wenn ich noch einmal leben könnte,
würde ich von Frühlingsbeginn an bis in den Spätherbst hinein barfuß gehen.
Und ich würde mehr mit Kindern spielen, wenn ich das Leben noch vor mir hätte.
Aber sehen Sie ... ich bin 85 Jahre alt, und ich weiß, dass ich bald sterben werde.«

Darf ich vermuten, dass Sie, verehrte LeserInnen, noch nicht 85 Jahre alt sind?

»Niemand hat je auf dem Sterbebett gesagt: ›*Ich wünschte, ich hätte mehr Zeit im Büro gehabt.*‹« Dieser bemerkenswerte Satz stammt von der bekannten amerikanische Fernsehjournalistin Anna Quindlen. Viele bedauern gegen Ende ihres Lebens, sich zu wenig Zeit für das genommen zu haben, was wirklich wichtig oder einfach nur schön gewesen wäre, zwar nicht für die Karriere zum Erfolg, wohl aber für die *Karriere zum Glück.*

Woran ich denke?

Daran, sich Zeit zu nehmen für das Beobachten des Fischreihers, der am Teich einen Fisch ausspäht, für den Duft des Flieders, der uns nur einmal im Jahr für kurze Zeit beglückt, für das Ertasten der unterschiedlichen Rinden der Bäume, die in der Nähe stehen, für das Staunen über die Sterne, die aus weiten Fernen und Zeiten uns die Nacht erleuchten, für den Geruch des Salzwassers, der vom Wind über die Dünen getragen wird, für das Zuschauen beim Spiel der Kinder, die uns zeigen, dass auch Unvernünftiges glücklich machen kann, für Spiele, die nicht wieder an Wettbewerb erinnern, für das Wahrnehmen alter Menschen, die in aller Ruhe auf der Parkbank sitzen und sich lächelnd von der Sonne bescheinen lassen, für das Lesen von Gedichten, die von Werten wissen, die sich uns verschlossen hatten, für das Bauen von Luftschlössern, von denen vielleicht einige auf der Erde Platz finden könnten, für das Zuhören guter, alter Geschichten, die das Leben schrieb, für Gespräche darüber, was die Welt im Innersten zusammenhält, denn nichts entleert die Seele mehr als ein aus ihrer Mitte verdrängter Geist, für das Schweigen, denn die Stille ist der Ort, an dem die neuen Lieder vom Leben entstehen.

Sich Zeit nehmen für all das und vieles andere mehr, was vielleicht nicht vernünftig ist und trotzdem die Seele anfüllt mit guten Gedanken und leichten Gefühlen. Denn irgendwann schweigt für uns der Gesang der Vögel. Irgendwann leuchten die Sterne ohne uns. Irgendwann gibt es für uns keine Zeit mehr, in die Welt hineinzusehen, hineinzuhören, hineinzuriechen und sich an dieser großartigen Welt zu erfreuen. »Vita brevis«, mahnte die frühere Freundin Augustins den großen Kirchenmann. Das Leben ist kurz.

»Mir ist der Humor schon längst vergangen.« – Oder: Humor ist, wenn man trotzdem lacht.

Ich habe in Erfahrung gebracht, dass vor allem die zum Perfektionismus Neigenden humorlos sein können (Perfektionismus ist auch mir nicht fremd). Statt nun den Begriff Humorlosigkeit zu definieren, möchte ich Ihnen einen ihrer Vertreter anschaulich vorstellen. Nennen wir den Herrn Bodo:

Bodo erwartet Gäste. Vor deren Eintreffen geht er unruhig vor dem Haus auf und ab, weil er verhindern möchte, dass jemand sein Auto auf dem Rasen parkt. Mit etwas floskelhaft wirkenden Worten begrüßt er die Damen und Herren. Er hofft inständig, der Abend möge sie hinreichend erfreuen.

Nach einem gut inszenierten Beginn des Abends geschieht es: Der Gastgeber sieht wie gebannt zu, wie ein Raucher seine Asche auf die weiße, bis dahin makellose Tischdecke fallen lässt. Mühsam unterdrückt Bodo einen Fluch. Doch auf die Frage des Sünders, ob das denn »schlimm« sei, antwortet er etwas vorschnell: »Aber nicht doch!« und ringt sich ein gequältes Lächeln ab. Im Stillen aber denkt er: »Das ist nicht nur schlimm, es spiegelt auch den Geist dieser Zeit wider. So eine Achtlosigkeit ...«

Da die Asche auf der Stelle verschwinden soll, versucht Bodo – wider besseren Wissens –, sie mit der Hand zu beseitigen. Die Folge: Er vergrößert den Fleck. Was nun?

Weil seine Frau ihn kühl von der Seite ansieht und ihn sachlich darüber informiert, der Fleck lasse sich bei der nächsten Wäsche durch eine ACL-Lösung beseitigen, setzt er sich brav wieder hin. Er nimmt Haltung an. Doch sein Blick nähert sich immer wieder dem Ort des ärgerlichen Geschehens. Vergnügt mit den Augen funkelnd, legt sein stets heiterer Freund Armin ihm die Hand auf den Arm und flüstert ihm zu: »Locker bleiben ...« Der gut gemeinte Rat bewirkt leider das Gegenteil. Die nachfolgende Konversation erreicht nicht mehr das Format von Teil eins des Abends. Verärgert denkt

Bodo, »Verdammt, wann gehen die endlich?«, und schenkt dabei – scheinbar fröhlich summend – neuen Wein ein.

Sie sind gegangen. Erschöpft lässt er sich in den Sessel fallen und schaut grübelnd auf die besagte Stelle. »Und?«, fragt seine Frau. Seine Antwort: »Was wäre wohl aus dem Abend geworden, wenn dieser Kerl nicht seine dämliche Asche hätte fallen lassen?« Da platzt seiner Frau der Kragen. Sie zischt ihn an: »Weißt du, was du bist? Die zur Person gewordene Humorlosigkeit!« Dann geht sie.

Es wird nun Zeit, über den Humor selbst zu sprechen. Er steht Jung und Alt zur Verfügung. Ich liebe ihn. Ich lasse ihn gern kommen. In meinem Beruf ist er wichtig, noch wichtiger im persönlichen Leben, in der Familie und im Freundeskreis. Wann immer der Humor kommt, geht es mir gut, sehr gut sogar. Glücklicherweise ist er an kein Alter gebunden. Im Gegenteil: Manchmal habe ich den Eindruck, dass ältere Menschen mehr noch als jüngere diese Fähigkeit haben.

»Humor ist das, was man nicht hat, sobald man es definiert«, sagte der Schriftsteller Rudolf Presber. Also definiere ich ihn nicht. Aber die wichtigste Voraussetzung möchte ich gleich nennen: Das ist die

Fähigkeit, über sich selbst lachen zu können. Wer über sich selbst lacht, nimmt sich selbst auf den Arm, lacht über das Kind in sich, und Kindern gehört noch immer die größte Sympathie. Wer sich selbst auf den Arm nimmt, erlaubt sich, das Unzulängliche und Unvollkommene in sich zuzulassen. Er ahnt oder weiß etwas von der Begrenztheit und Vorläufigkeit des Lebens und bejaht sie. Er steht über der Situation. Er kann unterscheiden zwischen Wichtigem und nicht ganz so Wichtigem.

Bevor ich gleich wieder »seriös« werde, möchte ich Ihnen einige beispielhafte Situationen erzählen.

- Kennen Sie das? Es ist dunkel, Sie wollen schlafen. Plötzlich erinnern Sie sich an etwas sehr Komisches. Sie versuchen, Ihr Lachen zu unterdrücken, um Ihre Frau, Ihren Mann nicht zu wecken. Es gelingt kaum oder gar nicht. Irgendwann lachen Sie laut los – bis Sie eine müde Stimme sagen hören: »Was ist denn los?«
- Ich fuhr nach der Arbeit mit dem Auto nach Hause. Es regnete. Es war dunkel. Und dunkel war es auch in mir. Ich war verstimmt, missgelaunt, konnte mich selbst nicht ausstehen. Da kam mir die glänzende Idee, mich danach zu erkundigen, worin meine spezifische Stim-

mung begründet sein könnte. Nichts fand ich, was meinen Zustand hätte erklären können, dafür kam mir eine andere Idee: Ich begann, mich zu bemitleiden, begann, mich selbst auf den Arm zu nehmen, und maulte – halblaut mit bebender Stimme – ein verzerrtes Bild von dem, was ich am Tage erlebt hatte: Du armer Mann hast heute nur Menschen erlebt, die dich nicht mögen. Alle sind sie nur (in die Therapie) gekommen, weil sie dir ihre Ablehnung demonstrieren wollten. Auch die Sekretärin wollte, als sie den Termin vergaß, nichts anderes, als dich zu ärgern. Du hast es schwer im Leben, wahrscheinlich viel zu schwer ...
Ich ließ es zu, das Lachen über mich selbst, das leise kam und leise blieb, das mich umspielte und stärker war als das kleine mürrische Ich.

- Vor langer Zeit ging ich an einer Gruppe Jugendlicher vorbei. Da rief einer von ihnen mir zu: »Na, Opa?!« Mit strengem Gesicht ging ich auf ihn zu, stellte mich vor ihm auf und sagte – nichts. Er war so erschrocken, dass auch die anderen betreten schwiegen. Dieser Auftritt könnte mir heute nicht mehr passieren. Er ist mir heute noch peinlich. Wie ich heute reagieren würde? Ich weiß es nicht. Vielleicht so: »Na, Junge, hast du auch so einen Opa wie mich?«

Im philosophischen Wörterbuch habe ich einen Satz gelesen, den ich Ihnen nicht vorenthalten darf: Humor kann als »die höchste Form der Selbstbehauptung gegen die Sinnlosigkeit des Daseins und der bösen Zufälle« bezeichnet werden. Nicht weniger beeindruckend finde ich den Satz von Ernst Kris: »Humor scheint«, schreibt er, und das macht Hoffnung, nicht nur für das Alter, »die späte Form der Komik zu sein, die der Mensch auf seinem Lebenslauf auszubilden vermag.«

Erich Kästner, der von sich sagte, er sei nie ohne Kompass, Uhr und Taschenlampe in der Welt herumgestolpert, nannte in einer launigen Neujahrsansprache vier »archimedische Punkte«, Werte, die jeder leben sollte und von denen ich denke, sie könnten Glück bringen (der große Grieche Archimedes suchte bekanntlich für die physikalische Welt den *einen* festen Punkt, von dem aus er es wagen wollte, sie aus den Angeln zu heben). Der vierte Punkt lautete: »Jeder Mensch erwerbe sich *Humor*! Das ist nicht unmöglich. Denn immer und überall ist es einigen gelungen. Der Humor rückt den Augenblick an die richtige Stelle. Er lehrt uns die wahre

Größenordnung und die gültige Perspektive. Er macht die Erde zu einem kleinen Stern, die Weltgeschichte zu einem Atemzug und uns selber bescheiden. Das ist viel. Bevor man das Erb- und Erzübel, die Eitelkeit, nicht totgelacht hat, kann man nicht beginnen, das zu werden, was man ist, ein Mensch.«

Ich mag dieses Kapitel nicht beschließen, ohne Ihnen zwei Witze erzählt zu haben, die mich immer wieder amüsieren. Der erste könnte eine gewisse Abneigung gegen die Psychoanalyse verraten, vielleicht aber ist er auch ein nicht böse gemeinter Ausdruck von Bildungsmangel. Also:

> Die Eltern haben ihren 17-jährigen Sohn zum Psychoanalytiker geschickt. Nach Wochen rückt er zu Hause mit der Diagnose heraus, er habe einen Ödipuskomplex. »Ach was«, entgegnet die Mutter und drückt ihn tröstend an sich, »Ödipus-Schnödipus! Hauptsache, du hast deine Mutter lieb.«

Witze der folgenden Art werden immer dort erzählt, wo Diktaturen Menschen unterdrücken.

> Ein alter Beamter soll im Dritten Reich zum Abschied ein Bildnis des Führers bekommen. Er darf

wählen, ob er ihn als Bild oder als Büste haben will. »Ich kann mich nicht entscheiden«, sagt er nach langem Grübeln, »ob ich ihn lieber aufhängen oder an die Wand stellen möchte.«

Was wäre, wenn Sie, liebe LeserInnen, jetzt die Augen schließen würden und Ihre humorvolle Seite zum Vorschein kommen ließen? Es könnte sogar sein, dass der/die in Ihnen verborgene Humorvolle – also Sie selbst – Ihnen begegnete. Wenn Ihnen das zu kompliziert erscheint, lassen Sie es sein. Ich mochte mich nur nicht ganz ohne Ihren Beitrag von diesem Kapitel verabschieden. Also, tun Sie mir diesen Gefallen!

»Allein sein? Bloß das nicht!« – Oder: Von der Kunst, sein Leben selbst führen zu können

»Das war schon eine schöne Zeit, als mein Mann noch lebte«, sagt eine Frau. Sie ist 55 Jahre alt. »Sicher, auch bei uns verlief nicht alles reibungslos. Aber insgesamt haben wir gemeinsam das Leben genossen. Und jetzt? Was soll ich hier noch auf dieser Welt?«

Wissen Sie, was ich außer vielen anderen Dingen im Leben so liebe? Wir stehen vor einer Herausforderung: Wir wollen etwas unter keinen Umständen und sind auf unsere innere Abwehr fixiert. Wir sind frei von jedem Anflug von Fantasie für die Möglichkeit, dass uns »das« irgendwann sogar gefallen könnte. Und dann gefällt es uns. Das hätten wir nicht gedacht!

Eine solche Herausforderung könnte sein – wie oft stellt sie sich ein! –, irgendwann den geliebten Partner zu verlieren und allein sein zu müssen. Ob dann auch das eigene Leben zu Ende ist? Das muss nicht sein. Keineswegs!

»Ich mag gar nicht daran denken«, sagt eine andere Frau, »wenn mein Mann nicht mehr da ist. Dass die Kinder aus dem Haus sind, weit weg von hier, und sie vielleicht nur an den Festtagen kurz vorbeischauen. Was soll ich dann noch hier? Ich habe doch immer mit meiner und für meine Familie gelebt! Wenn man Hilfe braucht, wird niemand da sein. Vom Altersheim weiß man ja, wie oft unter den Bewohnern Streit herrscht. Und nett ist das Pflegepersonal auch nicht immer.«

Erinnern Sie sich, was ich über Vorstellungen sagte? Wie oft trüben oder engen wir unser Dasein hier und heute durch sie ein! Wer sich etwa *heute* vorstellt, er werde *irgendwann* einsam sein, niemand werde ihn besuchen, die Kinder würden die alte Mutter/den alten Vater vergessen, die Nachbarn seien sowieso komisch, der belastet die Gegenwart mit Gedanken, die noch nicht oder vielleicht niemals Wirklichkeit werden. Darf ich Ihnen andere Gedanken empfehlen?

- Weil jedes Leben einmal zu Ende geht, werden Sie oder Ihr Partner/Ihre Partnerin irgendwann nicht mehr da sein. Sich diese unabwendbare Realität einmal in einer stillen Stunde vor Augen zu führen, das muss sein! Vielleicht liegt auch ein kleiner Trost darin, dass wir alle – ohne Ausnahme – diesen Weg gehen werden.
- Jedes Alleinsein, das zur Einsamkeit geführt hat, ist eine Herausforderung zur Veränderung der Lebenseinstellung. Sie können der Resignation Tür und Tor öffnen, Sie könnten sich aber auch an den berühmten Frankl-Satz erinnern: »Ich lass mir von mir selber nicht alles gefallen.« – schon gar nicht von der Einsamkeit!
- Was wäre, wenn Sie einmal *andere* Gedanken zuließen, wie etwa diese: Sie wären – zu Ihrem eigenen Erstaunen – zunehmend eigenständi-

ger, würden mehr als bisher auf eigenen Füßen stehen, überraschend ein stärkeres Selbstbewusstsein und Selbstvertrauen als je zuvor verspüren, Sie hätten ein richtig gutes Selbstwertgefühl. Das würde ausstrahlen, auf Nachbarn, auf die Geschäftsleute rundum, auf Ihre und andere Kinder, Bekannte und Verwandte, auf Ihre Mitwelt. Und sollten Sie im Seniorenheim sein, auch auf die anderen Bewohner. Nein, das ist keine Illusion. Ich habe viele alte Damen und Herren kennengelernt, die ich nur bezaubernd finde.
Mir kommt da zum Beispiel eine alte, alleinstehende Dame in den Sinn, die seit Jahrzehnten mit einem Loch im Herzen lebte. Und immer dann, wenn der Vertreter ihres Hausarztes sie im Sommer sah, staunte er und sagte (wenig charmant): »Na, Sie leben ja immer noch!« Die Dame überhörte seine Grobheit und entgegnete strahlend: »Ach, wissen Sie, ich habe noch so viel an mir zu arbeiten, dass wir uns noch viele Jahre sehen werden.«

- Es ist nicht unwichtig, den Tagen einen persönlichen Stil zu geben. Wer im Alltag niemanden hat, der Wünsche äußert oder Forderungen stellt, neigt dazu, sich in seiner Lebensgestaltung ein wenig gehen zu lassen. Jede persönlich gestaltete Kultur trägt dazu bei, dass wir uns bei uns selbst zu Hause fühlen. Woran ich denke? Will ich die Einrichtung meiner Wohnung so lassen wie bisher oder will ich endlich den Tisch kaufen, mit dem ich schon lange liebäugle? Sollte ich mir angewöhnen, regelmäßig zu kochen und zu bestimmten Zeiten zu essen? Wie wäre es, wenn ich mich mit mir zu einer bestimmten Zeit zur Lesestunde verabredete? Vergessen sollte ich auch nicht den täglichen Spaziergang ...

- Auch das würde ich nicht geringschätzen: Allein zu leben, das ist auch die Chance, viel freier sein zu können als – vielleicht – je zuvor, das zu tun, wozu man Lust hat, nicht jede Entscheidung »ausdiskutieren« zu müssen. Wie viele zermürbende Auseinandersetzungen würden nicht (mehr) geführt werden! Wie viele Verletzungen würden nicht (mehr) stattfinden! Dazu gehört meines Erachtens auch die großartige Chance, über die unfreundlichen Meinungen anderer zu unserer Person großzügig hinwegzusehen.
- Wer allein lebt und einsam zu werden beginnt, braucht Menschen. Es gibt so viele, die darauf

warten, angesprochen zu werden. Deshalb stimmt es nicht, was manche sagen, – es gäbe niemanden mehr mit Herz. Es gibt sie!

Allein leben ist ein Wagnis. Das gleiche gilt natürlich auch für das Leben zu zweit. Niemand kann sagen, was das größere Wagnis ist. Ich nehme jedoch an, dass der Alleinlebende eher die Schatten der Einsamkeit zu spüren bekommt. Und weil das vermutlich so ist, ist es wichtig, sie frühzeitig zu bemerken. Leicht ist das nicht, denn die Grenze zwischen Alleinsein und Einsamsein ist fließend.

Aber: Wir werden allein geboren. Wir werden allein sterben. Deshalb sollten wir lernen, auch allein leben zu können – ohne das Gefühl von Einsamkeit. Wenn jedoch jemand sagt, Alleinsein sei für ihn überhaupt keine Alternative zu seinem bisherigen Leben, versperrt er sich den Blick für *neue Erfahrungen*. Dann wird aus Alleinsein Einsamkeit. Dann ist die Resignation nicht mehr fern. Resignation aber ist Abkehr vom Leben. Wer resigniert, fixiert seinen Blick auf alles Negative. Er engt seine Wahrnehmungs*möglichkeiten* ein. Er gibt nicht etwas auf, sondern *sich selbst*. Schicksalhaft notwendig ist das nicht.

»Kein Sex mehr – keine Freude mehr!« – Oder: Niemand ist abhängig von irgendwelchen Orgasmen – Liebe ist mehr als Sex!

»Ja sicher«, antwortet die ältere Dame ihrem Sohn, der sie verschmitzt anschaut, »Papa und ich schmusen immer noch. Was denkst du denn?« Der Sohn sieht die Mutter einen Augenblick erstaunt an und murmelt: »Ja klar, natürlich, natürlich.« »Hattest du etwa gemeint«, fragt sie ihn und genießt seine Verwirrung, »wir seien inzwischen Sexrentner?« Die Mutter lacht laut auf. Dieses Wort hat sie gerade erfunden. Der Sohn setzt sich, sieht sie ungläubig an. Dann beginnt er mehr und mehr zu strahlen. Er geht auf die Mutter zu, packt sie und wirbelt sie lachend im Kreis umher. Sie wissen schon, worum es jetzt gehen wird …

Mag sein, dass Ihnen Gedanken durch den Kopf gehen wie diese: Wann wird wohl mit Sex Schluss sein? Daran mag ich gar nicht denken! Muss ich aber wohl oder übel. Schon seit einiger Zeit merke ich, dass mein Wunsch nach Sex nachlässt. Oder: Darf man überhaupt noch, wenn man über 70 ist? Und was, wenn man noch kann? Oder wenn man eigentlich noch möchte, aber körperlich nicht mehr so richtig kann? Oder der eine Partner noch Lust verspürt, der andere aber nicht mehr so oft? Oder: Ob die Liebe bleibt, wenn die Haut zu welken beginnt und die Bewegungen an Grazie zu verlieren beginnen? Ob sie noch bleibt, wenn der Sex nur noch selten oder gar nicht mehr stattfindet?

Ich denke an ein altes Ehepaar. Beide hatten ein in jeder Weise temperamentvolles Liebesleben geführt. Dann wurde dem Mann die Prostata entfernt. Er hatte Krebs. Sie konnten nicht mehr miteinander schlafen. Das führte jedoch keineswegs zu Frustration, weder bei ihr noch bei ihm, im Gegenteil: Die sexuelle Energie, die nicht mehr ausgelebt werden konnte, führte dazu, dass beide umso zärtlicher miteinander umgingen. Irgendwann gestanden sich beide, dass sie nichts, aber auch gar nichts vermissten.

Ein anderes altes Ehepaar: Beide waren (und sind) sehr vital. Kürzlich saßen sie im Kino in einer Reihe vor mir. Es konnte mir nicht entgehen, dass sie wie Teenager miteinander schmusten. Vor einigen Wochen sagte mir ihr Sohn, als er zufällig auf seine Eltern zu sprechen kam, ziemlich frivol: »Die treiben es noch immer miteinander.«

Gewiss wird manches im Alter anders. Die Formen der Sexualität verändern sich. Nicht verändern muss sich aber die Tiefe des Erlebens, die Dichte des Gefühls, die liebevolle Beziehung. Die Liebe hat viele »Töchter«, zum Beispiel die Zärtlichkeit, die Fantasie, die Anmut.

Alt gewordene Liebespaare erkennt man rasch. Daran, dass sie im Umgang miteinander noch immer *aufmerksam* sind. Sie werfen sich vertraute Blicke zu, oft ohne erkennbaren Grund. Noch immer finden sich ihre Hände. Und manchmal scheint es so, als lebten sie in einer eigenen Welt. Sicher, ihre Liebe ist leiser geworden, ihr Feuer lodert nicht mehr himmelwärts. Und doch spürt man die Dichte ihrer Gefühle, weniger an der Oberfläche, dafür mehr in der Tiefe.

Dass es altgewordene Paare gibt, die 50 oder mehr Jahre ihr Leben geteilt haben und einander noch immer gut sind, bestätigt die Altenpflegerin Sonja Schiff: »Da liegt noch immer Zärtlichkeit in der Luft, wenn sie einander ansehen oder berühren. In der Begegnung ist die Ruhe zwischen ihnen spürbar, das Vertrauen und dieses innere Wissen: Ich bin zwar nicht perfekt, aber ich muss es auch nicht sein, denn für dich bin ich richtig, genau so, wie ich bin.«[12]

Und wenn »alles vorbei« ist? Wenn beide aus Gewohnheit nur noch nebeneinander, aber nicht mehr miteinander leben? Wenn sich die Enttäuschungen häufen, wenn das Verstehen nicht mehr gelingt, wenn die Verletzungen zu tief gegangen sind, wenn die Liebe müde geworden ist oder sich aufgelöst hat?

Dann wäre es eine (erprobte) Möglichkeit, an die Tage zurückzudenken, die hell waren. Wer sich an das erinnert, was einmal schön war, holt das nach innen Versunkene in die Gegenwart zurück. Er oder sie erfährt, dass die verinnerlichten Bilder lebendig geblieben sind und kann aufs Neue von ihnen berührt werden. Jede Vergegenwärtigung erlebten Glücks ist eine Erinnerung an erfahrene und vielleicht wieder zugängliche Möglichkeiten.

Vielleicht denkt ihr daran, so würde ich den beiden sagen, es gab einmal eine Zeit, da nahmt ihr euch Zeit füreinander, da gingt ihr aufeinander ein, da wolltet ihr euch kennenlernen. Ihr saht euch an, gingt Hand in Hand, erzähltet von dem, was niemand sonst erfuhr. Ihr wart miteinander offen, konntet trauern über Streit und euch freuen über Versöhnung. Ihr suchtet, euch zu verstehen, ihr suchtet euch. Erzählt einander, was damals schön war, und wenn das gegenwärtig nicht möglich ist, dann erinnert wenigstens euch selbst daran. Erinnerungen brächten nur Schmerzen, sagt ihr. Mag sein. Doch Schmerz über verschüttetes Glück kann das Gefühl sein, das man braucht, um möglicherweise das Glück wiederfinden zu können.

Oft denken Menschen, wenn sie von Anziehung sprechen, weitgehend nur an die Ebene der erotisch-sexuellen Liebe. Die größere Liebe aber ist weit mehr als diese. Sie bleibt die große Hoffnung für jeden Menschen, auch und im Besonderen für den alternden. Ich meine nicht nur den Wunsch, von anderen geliebt zu werden. Ich meine auch die Möglichkeit und Fähigkeit, selber zu lieben: Menschen, Tiere, Blumen, Sterne, das Leben. Denn wenn ihm nicht mehr viel bleibt, so bleibt ihm doch das Wichtigste: die Liebe. Zu lieben bleibt immer eine Möglichkeit – meine ich.

»Die Liebe ist nur ein Gefühl.« – Oder: Gefühle haben wir tagein, tagaus, solche und solche; die Liebe aber ist das Allergrößte!

Gäbe es die Liebe nicht mehr, dann wäre das so, als fehlte der Erde die Sonne. Das Leben würde erlöschen. Warum? Weil sie die stärkste Kraft im Menschen ist, ob sie uns bewusst ist oder nicht. Weil sie mehr ist als ein warmes Gefühl, mehr auch als Verantwortung. Weil sie die am intensivsten beglückende Gefühlskraft ist, das tiefste Ja zum Leben, jedenfalls den Möglichkeiten nach.

Der Psychologe Josef Rattner sagt in einer Studie über die Liebe: »Bei geduldiger Beobachtung zeigt sich bei liebenden Menschen eine Fülle von Charaktereigenschaften, die sich *wechselseitig* beeinflussen: Hingabe, Güte, Versöhnung, Friedfertigkeit, Wohlwollen, Wahrhaftigkeit, Echtheit, Offenheit, Hoffnung, Lebensmut, Vertrauen, Geduld, Demut, Verlässlichkeit, Treue, Gerechtigkeit, Klarheit, Weisheit, Verständnis, Achtsamkeit, Gelassenheit, Leichtigkeit, Heiterkeit, Zärtlichkeit, Freude, Begeisterung, Kreativität, Verantwortung für sich und andere, Freiheit und Religiosität und Befriedigung in der Arbeit, Selbstachtung, Kontaktfreude, Gemeinschaftsfähigkeit.«[13]

Das bedeutet: Wer liebt, »die Welt« und sich selbst, entzündet in sich und anderen das Gefühl, wertvoll zu sein. Er liebt das Beste aus sich und anderen heraus. Die Liebe ist also alles andere als nur ein süßes, schönes, betörendes oder berauschendes Gefühl – all das kann sie auch sein, aber sie ist noch viel mehr: nämlich die größte seelisch-geistige Macht, das Herausragende im Menschen, der bedeutendste Wert. Sie ist der einzige normative Wert, die wesentliche Grundlage für gelingendes, beglückendes, sinnvolles Leben. Deshalb ist der berühmte Augustinus-Satz, diese tiefe Weisheit des Kirchenvaters aus dem vierten und fünften Jahrhundert, so stimmig: »Liebe, und dann tue, was du willst.«

Manchmal träume ich davon, wir hätten die Weisheit, das, was die Liebe tatsächlich bedeutet, in aller Tiefe zu erkennen. Manchmal träume ich davon, wir investierten die Energie, mit der wir uns von unseren Mitmenschen distanzieren oder mit ihnen streiten, in die Überwindung aller Trennungen. Manchmal träume ich davon, wir hätten den Mut, nicht darauf zu warten, dass andere an uns das Liebenswerte entdecken, sondern dass wir von uns aus andere zu sehen beginnen.

Wofür lohnt es sich zu leben? Für die Liebe, die in jeder Menschenseele darauf wartet, endlich leben zu können – nicht nur zu anderen, auch zu uns selbst. Ja, auch zu uns selbst. Das darf nicht nur sein – das muss auch so sein und das schon aus einem sehr wichtigen Grund:

Es gibt, vermute ich, immer mehr Menschen, die sich selbst ablehnen – sich *selbst* ablehnen! Also

Nein zu sich sagen, sich selbst nicht wollen, sich hassen, sich wünschen, gar nicht da zu sein. Doch wer so lebt, ist nicht nur unglücklich – er lebt auch gefährlich. Warum? Weil der Mangel an Liebe zu sich selbst ein, wenn nicht der tiefste Grund für Störungen an Leib und Seele ist. (Das haben sogar neuere wissenschaftliche Studien entdeckt.) Und was wäre die Ursache dafür? Die Angst, die immer mehr das Leben vieler Menschen dominiert. Über diesen Zusammenhang hat vor einiger Zeit der Neurologe Gerald Hüther in einem Interview Dinge gesagt, die mich hellwach gemacht haben: »Wenn man der Frage nachgeht, woher die Angst kommt, stellt man fest: Die Angst kommt aus Beziehungen. Wenn man dann weiterfragt, was denn das beste Heilmittel sei, kommt man sehr schnell zu der Frage, wo denn die Liebe geblieben sei ...«

Kann man zu lieben lernen? Man kann. Ich kann lernen, mich selbst zu lieben, wenn ich mich nicht scheue, die Frage danach, worin ich zu ichbezogen bin, ehrlich und konkret zu beantworten –, wenn ich aufhöre, ständig danach zu fragen, was mir zusteht, was ich brauche, was ich will, und damit beginne, mein vielleicht verdecktes oder abgespaltenes *Wohlwollen* dem Leben gegenüber mehr als bisher zuzulassen. Wenn ich zu ahnen beginne, dass alles, was lebt, eine tiefe Sehnsucht danach hat, angenommen zu werden, wenn ich mich manchmal frage, was wohl wäre, wenn ich selbst zu denen gehörte, deren Hauptsache darin besteht, andere und anderes immer mehr annehmen zu *wollen*.

Liebe begründet die größte Hoffnung. Manchmal geht es nicht mehr um unsere Wünsche. Manchmal verläuft das Leben ganz anders, als wir es geplant hatten. Wenn zum Beispiel schwere Krankheiten so viel Kraft absaugen, dass auf eine emotionale Wende nicht mehr zu hoffen ist. Und dann? Eine Antwort darauf fand ich kürzlich in einem Brief, in dem mir eine tatsächlich sehr kranke Dame schrieb:

> »Nahezu ein Jahr lang hatte mich die Frage förmlich umgetrieben: *Was bleibt, wenn alle Möglichkeiten, die als sinnstiftend erlebt werden, wegfallen, nicht mehr erlebbar sind*? Die Antwort eines alten Weisen: Die Liebe bleibt. Ich war zutiefst berührt, unendlich dankbar und gleichzeitig erleichtert. Es fiel mir wie Schuppen von den Augen: Für die Liebe lohnt es sich immer zu leben. Selbst wenn man mit sehr eingeschränkten Möglichkeiten in einem Krankenbett endet. Das Herz

> kann man immer weit aufmachen (… wenn man's nicht versteinern lässt.) Dieser Gedanke trägt mich seither in meinem Leben.«

Da ich die Dame kenne, weiß ich, dass sie ihre Worte auch lebt.

Auf die Frage, was denn Liebe aus neurobiologischer Sicht bedeute, antwortete Gerald Hüther, die Liebe sei die einzige Form von Beziehung, die *Entwicklung* ermögliche.

»Ich weiß nicht, wo sie geblieben sind.« – Oder: Freunde sind (besonders) im Alter wie wärmendes Licht.

Ich frage Sie, lieber Leser, liebe Leserin, der/die nicht weiß, wo die Freunde geblieben sind, ob Sie je Freunde gehabt haben, und wenn, was dazu geführt hat, dass sie nicht mehr da sind. Und: Kann es sein, dass Sie sich nach Freunden sehnen? Das könnte ich gut verstehen. Wenn ich das Wort »Freunde« höre, denke ich gleich an Rüdiger. Mit ihm verbindet mich eine jahrzehntelange Freundschaft. Wir waren auf einer Schule. Er machte ein Jahr vor mir Abitur. Weil ich in Mathematik kein Genie war, nahm Rüdiger sich Zeit, mir Nachhilfe zu geben. Er wiederum erkannte neidlos meine Fertigkeiten auf der Schulorgel an. Manchmal besuchte er mich in meinem Dorf. Dann sprachen wir auf unseren Wanderungen über Gott und die Welt. Dabei zeigte sich immer wieder, wie gut wir uns ergänzten. Er, eher der Denker, brachte die Dinge immer auf »den« Punkt, ich, der Emotionale, brachte Farbe ins Gespräch. Damals! Einmal schwärmte er – ich glaube, dieses Wort hätte er nie gebraucht – von Hugo Hartungs kleinem Buch *Ich denke oft an Piroschka* (es wurde später mit Lilo Pulver verfilmt). Noch heute, nach weit über 50 Jahren erinnere ich mich an die Stelle, in der sich der deutsche Student Andreas nach sechswöchigem Ungarnaufenthalt dazu durchrang, unmittelbar vor seiner Abreise Piroschka zu sagen: »Ich liebe Dich.« Woraufhin »Piri« – so rief man sie – antwortete: »Tun, Andi, tun.« Rüdiger hätte »es« getan (ich auch).

Wir gingen gemeinsam ins Studium nach Marburg. Er studierte Physik, ich Theologie. Wenn wir uns sahen – das geschah nicht oft –, sprachen wir über Themen, die uns in unseren Studienfächern interessierten. So fragte ich ihn einmal nach dem Zusammenhang von Geist und Materie. Noch heute sehe ich ihn milde lächelnd vor mir, als er sagte:

»Lieber Uwe, was soll ich dazu sagen? Das sind zwei Seiten ein und derselben Medaille.« Nein, es ging nicht immer nur ernst zwischen uns zu. Ich hatte ein Vergnügen daran, ihn lachen zu sehen. Aber die Inhalte waren zweifellos das wichtigste Band zwischen uns.

Nach einigen Jahren flog Rüdiger zur NASA nach Houston. Kurz vorher waren wir gegenseitig die Paten unserer Söhne geworden. Lange Zeit sahen wir uns nicht. Als wir uns dann wieder trafen, war es, als hätten wir uns in der Woche davor zuletzt gesehen. Und so blieb es. Zurzeit wartet er auf einen Anruf von mir. Weil ich sehr beschäftigt bin, habe ich mich noch nicht gemeldet. Aber ich brauche deshalb kein »schlechtes Gewissen« zu haben. Sicher ist, dass ich oft an ihn denke.

Wer ist ein Freund oder eine Freundin?

- Ein Mensch, der mich nicht bewertet,
- auf den ich mich verlassen kann,
- der das Beste aus mir herauslockt,
- der mir gegenüber bedingungslos offen ist,
- mit dem ich über alles sprechen kann,
- der mir konkret hilft und ich ihm, wenn es mir nicht gut oder wenn es ihm nicht gut geht,
- mit dem ich lachen kann,

- mit dem ich Träume und Visionen austauschen kann,
- vor dem ich mich nicht schäme, wenn mir die Tränen kommen,
- der für mich mehr sein kann als Bruder oder Schwester,
- der – manchmal – ein Geschenk des Himmels ist.

»Den wahren Freund erkennen wir daran, dass er uns akzeptiert, auch wenn wir uns selber schaden. Wir schließen nicht Freundschaft, um uns euren Wächter zu bestellen«, sagt der Philosoph Arno Plack.

Und wenn man keine Freunde hat? Viele Menschen können uns Freund oder Freundin werden. Worauf es ankommt? Nicht immer darauf, ob wir einander »schrecklich sympathisch« finden, auch nicht darauf, ob wir denselben Bildungsstand haben, schon gar nicht darauf, ob wir einander nützlich sein könnten. Sondern darauf, ob wir uns gern ansehen und dass der eine dem anderen guttut.

In der kleinen Schrift *Bekenntnis einer Freundschaft* schreibt Antoine de Saint-Exupéry Sätze über Freundschaft, die mich immer wieder tief berühren: »Ich sehne mich nach einem Gefährten, der jenseits der Streitfragen des Verstandes in mir den Pilger dieses Feuers sieht. Zuweilen habe ich das Bedürfnis, die verheißene Wärme im Voraus zu spüren und mich auszuruhen, ein Stück weit außerhalb meiner selbst, in dem Beisammensein, das uns beschieden ist. […] Bei dir muss ich mich nicht rechtfertigen, ich muss nichts verteidigen oder beweisen. Ich finde Frieden […]. Über meine ungeschickten Worte, über die Gedanken hinweg, die mich irreführen können, siehst du in mir einfach den Menschen […]. Meine Andersartigkeit verletzt dich nicht, sie macht dich stärker […]. Ich, der ich wie jedermann das Bedürfnis verspüre, anerkannt zu werden, ich fühle mich echt in dir und gehe zu dir. […] Ich bin dir dankbar dafür, dass du mich annimmst, wie ich bin. Was sollte ich mit einem Freund, der mich immerfort beurteilt?«[14]

»Ich bin nun mal nicht dazu gekommen ...« – Oder: Verschieben Sie das, was Sie schon immer wollten, nicht auf morgen!

Vor einiger Zeit hörte ich den Song »Ich hab noch Sand in den Schuhen aus Hawaii«. Und im Nu war sie wieder da, meine alte Sehnsucht nach Hawaii. In den 50er-Jahren des letzten Jahrhunderts bezauberten Lieder aus der Südsee mein junges Herz, vor allem die über Hawaii. »Träume von der Südsee«, »Wo die Südsee rauscht, Luana«, »Dort auf Hawaii, da leuchten Sterne« und viele andere Lieder. Sie gehörten für mich zum besonders beliebten Repertoire meiner Tage am Klavier. Und ich sang sie voll Inbrunst mit! Deshalb wurde mein Wunsch, Hawaii zu erleben, stärker und stärker. Doch als ich jung war, hatte ich dafür kein Geld. In späteren Jahren behauptete ich, keine Zeit zu haben. Und als ich in noch späteren Jahren vielleicht mit meinem Schwiegersohn, einem passionierten Kameramann, die »Perle der Südsee« hätte anfliegen können, war ich noch immer viel zu beschäftigt, um »so etwas« zu machen. Hawaii wird mich also nicht sehen – und ich die schöne Insel auch nicht. Als Junge hätte ich wenigstens gern eine Hawaiigitarre gehabt, doch meine Mutter schlug mir stattdessen eine Reise mit ihr vor – zum Rhein. Fortan spielte ich Hawaiimusik auf einem Akkordeon.

Heute spüre ich deutlich – amüsieren Sie sich gern über mich! –, dass es im Zusammenhang meines Lebens eine »Stelle« gibt, die grau aussieht, dass etwas fehlt, was ich zu gern gehabt hätte und nicht mehr haben werde, weil meine Krankheit solche

Unternehmungen nicht zulässt. Vorbei! Aber nicht vergessen.

Und Sie, verehrte LeserInnen? Was schieben Sie schon lange vor sich her, obwohl das nicht schicksalhaft notwendig ist? Eine Reise in die USA? Den Kauf eines großen, breitkrempigen Hutes, eines sündhaft teuren Kleides? Einmal mit Ihrem Sohn gemeinsam in Ihrer Vereinsmannschaft Fußball zu spielen? Spanisch zu lernen? Den Besuch Ihrer Sie ablehnenden Tochter zu wagen? Mit Ihrer Enkelin ins Kino zu gehen? Oder ... oder?

Einmal endet der Applaus. Einmal ist der Vorhang gefallen. Einmal gibt es keine Gelegenheit mehr, etwas, was Sie so gern hätten tun wollen, Wirklichkeit werden zu lassen. Viele »Träume« lassen sich nicht leben, weil die Barrieren vor ihnen tatsächlich zu hoch sind. Aber einige! Oder einen! Denn wer keinen seiner Träume gelebt hat, wird vielleicht arm sterben. Irgendwann einmal die pure Lust, das Ungewöhnliche, das ganz Große (das für andere gänzlich unbedeutend sein kann) zu leben – das wäre gar nicht so schlecht!

»Ich hab in der Liebe nun mal kein Glück ...« – Oder: Eine glückliche Partnerschaft verlangt Arbeit.

Nachdem ich viele Jahre viele Partnerprobleme »studiert« habe, zweifle ich nicht daran, dass das Altern sehr mühsam werden kann, wenn Ehe oder Partnerschaft nicht wie gewünscht verlaufen. Statt nach Ursachen zu suchen, kommen mir einige Erfahrungen in den Sinn, die für jede Beziehung sehr hilfreich sein können.

1. Das Fremde am anderen zulassen

Selbst dann, wenn sich zwei Menschen lieben und sich gut zu kennen meinen, werden sie einander nie ganz verstehen. Jeder hat seine eigenen Gene, seine eigene Geschichte, seine eigenen Erfahrungen, seine ihm eigene Individualität. Und außerdem ist die Seele weit wie das Meer.

Glücklicherweise braucht das niemanden zu beunruhigen, denn »mit einem Menschen, den wir ganz verstanden haben«, hat der Philosoph Arno Plack treffend gesagt, »sind wir in gewisser Weise fertig.« Keiner kommt mit der Suche danach, wer der andere sei, jemals zu einem Ende. Doch gerade diese letzte Fremdheit des anderen »bindet«, so

Plack, »das liebende Interesse.« Wer die Tatsache der bleibenden Fremdheit seines Partners begriffen hat, wird ihm gegenüber aufmerksam bleiben und es »spannend« finden, mit ihm zu leben.

> Gern denke ich an einen alten Herrn zurück. In einem Seminar zu dem Thema »Partnerschaft« stellte ich die Frage (ich konnte sie mir ihm gegenüber erlauben): »Was ist das Geheimnis Ihrer Ehe?« Da sagte er mit großem Ernst: »Meine Frau und ich sind nun schon mehrere Jahrzehnte verheiratet. So blieb unser gemeinsames Leben frisch bis zum heutigen Tag. Und, was soll ich Ihnen sagen? An keinem Tag habe ich das Gefühl gehabt, dass ich sie wirklich kenne.« Dann fuhr er fort: »Glück in der Ehe ist nichts Selbstverständliches. Daher weiß ich nicht, ob wir es auch morgen haben werden.« Kurz nachdem er gestorben war, starb auch sie.

2. Den anderen ansehen

Es ist wichtig, den anderen anzusehen, weil die Augen die Brücke sind zwischen der einen und der anderen Seele. Wenn Menschen einander ansehen, schenken sie sich *Ansehen*. Wenn sie sich Ansehen schenken, fühlen sie sich akzeptiert. Wenn sie sich akzeptiert fühlen, hören sie einander zu und sind füreinander offen. Dann erkennen sie leichter, was der andere denkt, empfindet, fühlt und braucht. Wenn sie erkennen, was in dem anderen vorgeht, erkennen sie vielleicht etwas Wichtiges, was sie schon lange nicht mehr vom anderen gesehen haben. Zum Beispiel dessen Wunsch, angenommen zu werden.

Denn: Manchmal vergisst der eine, dass auch der andere in der Beziehung einsam ist, dass auch der andere sich nichts sehnlicher wünscht, als verstanden zu werden, dass auch der andere große Sehnsucht nach der Liebe hat, wie sie einmal war. Manchmal vergisst der eine, dass auch der andere Sehnsucht hat nach dem Frieden, den es einmal gab, dass beide nur eins möchten: den anderen nicht verlieren.

Ich war einmal von einem großen, alten Mann zu einem Gespräch eingeladen. Womit ich nicht gerechnet hatte, war, dass seine Gattin den Kaffeetisch gedeckt hatte und bei uns blieb. Nie werde ich vergessen, wie die beiden sich trotz meiner Gegenwart immer wieder anschauten, sich mir wieder zuwandten, einander wieder anschauten und so fort. Es war deutlich spürbar, wie sehr er seine Frau achtete. Er hat sich einmal öffentlich zur Frage geäußert, was das Geheimnis seiner langen, glücklichen Ehe sei. Was er in seinem Buch *Ufergedanken*[15] geschrieben hat, veranschaulichten mir die beiden an jenem Nachmittag eindrucksvoll.

3. Protest gegen Stress

»Was ist mit dir?«, fragt sie, als er nach Hause kommt. »Ich hab Stress«, antwortet er und geht an ihr vorbei. Wie häufig findet ein solcher Dialog nach der Arbeit statt! Zu den in dieser Zeit besonderen Störenfrieden in Partnerschaften gehört der Stress (in seiner negativen Form). Stress hat tausend Ursachen. Sie liegen sowohl in der äußeren als auch in der inneren Welt. Das Spektrum reicht vom Lärm über Zeitmangel bis zur Ichschwäche.

Stress bedeutet: Alles, was ich nicht will und *doch* tue und erlebe bzw. tun und erleben muss, kann Stress verursachen. Alles, was mich in meiner Selbstbestimmung beschränkt und meinen Freiraum einengt, kann mich negativ stressen. Alles aber, was ich nicht will und doch tue und erlebe bzw. meine, tun und erleben zu müssen, macht nicht nur mich unfrei – meine Unfreiheit strahlt selbstverständlich auch auf meine Umgebung aus.

Was kann man dagegen tun?

- Den Stress erkennen und sich *eingestehen*!
- Sich die *Folgen* des Stresses vergegenwärtigen und veranschaulichen!
- Den *Entschluss* fassen, sich nicht mehr wie bisher durch die Tage gehen zu lassen.

Er war, als ich ihn kennenlernte, 60 Jahre alt, seine Frau ein wenig jünger. Seit 30 Jahren waren sie verheiratet. Er war ein gefragter Mann in seinem Beruf. Seine gesamte Energie verschenkte er in ein großes Projekt. Stress war die Folge. Wenn er nach der Arbeit nach Hause kam, schwieg er, zog sich in sich zurück, war erschöpft. Seine Frau begehrte dagegen auf, dass ein Zusammenleben kaum stattfand. Jahr um Jahr lebten sie so. Der Stress bestimmte ihr Leben. Wenige Jahre nach unserem Kennenlernen starb er. Ich denke oft an die beiden und an den Satz, den sie sagte und dem er zustimmte: »Unsere Ehe wäre ganz anders verlaufen, wenn jeder von uns den anderen mehr im Blick gehabt hätte!«

4. Miteinander Zeit verbringen

Eine der häufigsten Ursachen für Partnerschaftskonflikte besteht darin, dass er oder sie oder beide sich zu wenig Zeit *füreinander* nehmen. Zeit ist ja nichts Abstraktes. Zeit ist bekanntlich Zeit zum Leben: Zeit zum Sprechen, Zeit zu gemeinsamem Schweigen, Zeit zum Zärtlichsein, Zeit zu gemeinsamen Unternehmungen, Zeit zu gemeinsamem Lachen, Zeit zu gemeinsamem Weinen, Zeit zu gemeinsamem Dasein. Wenn ein Paar genügend Zeit miteinander verbringt, kann es gemeinsam *neue* Eindrücke und *neue* Bilder sammeln, kann das Verstehen wachsen, kann die Liebe wachsen, kann sich eine gemeinsame Lebensgeschichte entwickeln.

Sie haben so wenig Zeit? Sie wissen nicht, worüber Sie ständig reden sollten? Anderes ist Ihnen oft wichtiger als Ihr Partner? Was kann das sein? War das schon immer so? Warum ist das so? Worüber sprechen Sie nicht miteinander? Sie reden selten über sich? Sie wünschen sich nicht mehr, vom anderen Neues zu erfahren? Ich habe viele Partner erlebt, denen es wie Ihnen erging, und viele Male auch ihr Glück darüber, sich wieder anzusehen, anzusprechen, beieinander zu sein, Neues zu erfahren. Ich habe auch viel Staunen darüber erlebt, was der andere in der Zeit des Entfremdetseins alles gedacht, gefühlt und gewünscht hat.

5. Voraussetzungen für ein gutes Gespräch

Die Basis für eine gelingende Partnerschaft ist die Fähigkeit, gut miteinander sprechen zu können. Ein gutes Gespräch bedarf bestimmter Voraussetzungen:

- den anderen anzusehen,
- den anderen ausreden zu lassen,
- die Bereitschaft, *miteinander* zu sprechen,
- wahrhaftig zu sein,
- offen füreinander zu sein,
- die Bereitschaft *hinzuhören,*
- die Bewusstmachung der Tatsache, dass der andere nicht meinen, sondern *seinen* Blickwinkel hat,
- so wenig Probleme wie möglich von sich auf den anderen zu schieben,
- keine Macht- und Rivalitätskämpfe auszutragen,
- das Liebenswerte des anderen nicht aus dem Blick zu verlieren,
- auch einmal miteinander zu schweigen und auf neue Worte zu warten,
- zu fragen, wie aus dem Gespräch Handlung werden kann.

Meiner Erfahrung nach könnten viele Partnerschaften viel mehr Qualität gewinnen – und das gilt nicht weniger für das Alter! –, wenn beide sich Zeit nähmen für persönliche Gespräche. Wenn der eine zum anderen sagen würde: »Gib mir, was dir wehtut«, wird der andere sich vielleicht, wahrscheinlich, ganz gewiss öffnen.

6. Den Kummer des anderen ernst nehmen

Mit spitzen Fingern kommt sie aus dem Bad und zeigt ihm ihr erstes graues Haar. »Sieh dir das an«, sagt sie zu ihm. Man unterschätze nicht die Bedeutung dieses Hinweises! Welche Antworten wären denkbar?

»Na und?« wäre keine besonders einfallsreiche Entgegnung.

»Dann solltest du mit dem Färben beginnen«, klänge so charmant nicht.

»Das geht doch jedem so«, wirkte auch nicht gerade tröstlich.

»Ich hab schon viel mehr davon«, entlarvte (wieder einmal) die Ichbezogenheit des Mannes.

»Ach, Liebes, das geht vorbei«, zeigte (mal wieder) seine Gedankenlosigkeit.

Nähme er sie in die Arme, strahlte sie an und gäbe ihr einen Kuss, dann fiele das farbveränderte Haar wahrscheinlich unbeachtet zu Boden.

7. Unabhängig werden von der Meinung der anderen

Die Abhängigkeit von der Meinung und dem Urteil anderer Menschen ist nicht nur eine Geißel für Einzelne, sondern auch für viele Paare. Sie macht uns unfrei. Sie stiftet uns an, vieles zu tun, was wir gar nicht wollen oder manches zu unterlassen. Beispiele brauche ich, glaube ich, nicht zu nennen. Wie befreit man sich von dieser Geißel?

Durch eine Frage. Und die Antworten darauf könnten eine Annäherung an *reale* Möglichkeiten bedeuten. Denn: »Die Umstände haben weniger Gewalt, uns glücklich oder unglücklich zu machen, als man denkt; aber die Vorwegnahme zukünftiger Umstände in der Phantasie eine ungeheure.« (Hugo von Hofmannsthal)

Die Frage lautet: *Was wäre, wenn ich frei wäre von der Meinung und dem Urteil anderer Menschen?* Die Antworten könnten zum Beispiel so aussehen:

- Wir würden weniger arbeiten.
- Wir würden auf manchen Luxus verzichten.
- Wir würden am Wochenende bis zum Mittag schlafen.
- Wir würden manche Einladung nicht annehmen.
- Wir würden unsere benachbarten Ausländer einladen.

- Wir würden Ferien in nächster Nähe verbringen.
- Wir würden sechs Kinder in die Welt setzen.
- Wir würden Gabi nicht zum Gymnasium schicken.
- Wir würden nachts ins Kino gehen.
- Wir würden sagen, dass wir an Gott glauben.
- Wir würden hin und wieder unvernünftig sein.

8. Auf die Stärken sehen

Es gibt Partner, die nach den Wonnen des Verliebtseins damit beginnen, den anderen vor allem auf seine Schwächen anzusprechen, zum Beispiel auf seine nicht günstig erscheinende Figur, seine Herkunftsfamilie, seinen beruflichen Status, seinen Mangel an Bildung, seine Sprache, seine Ängstlichkeit, seine Neigung zur Melancholie, die Art seines Lachens, seine Unfähigkeit zu weinen ...

Wer jedoch vor allem darauf sieht, was der andere nicht ist, nicht hat, nicht kann, fixiert ihn immer mehr auf seine Mängel. Wen wundert's, wenn ein solcher Partner immer mehr an Attraktivität und Selbstwertgefühl verliert! Anders dagegen der Mensch, der vor allem auf die Stärken seines Partners sieht, zum Beispiel auf seine Grübchen oder den aufrechten Gang, auf seine Stimme oder bestimmte Gebärden, auf seine Bereitschaft, der Angst zu widerstehen oder der Morgenmuffelei Herr zu werden, auf seine Ehrlichkeit oder darauf, sich rasch wieder versöhnen zu können.

Wer bei seinem Partner vor allem darauf sieht, was er in guter Weise ist, hat und kann, bejaht ihn und verhilft ihm so dazu, immer mehr er selbst zu werden. Und je mehr beide Partner zu sich selbst kommen, desto lieber gehen sie aufeinander zu.

Ich möchte an dieser Stelle gern von meiner Frau erzählen, der ich dieses Buch gewidmet habe. Sie ist mir und anderen gegenüber aufrichtig, geradlinig und klar. Sie ist auch (in guter Weise) kritisch. Darüber hinaus aber hat sie eine Eigenschaft, die für mich Gold wert ist. Weil sie so ist, wie sie ist, vertraue ich ihr, wenn sie mich oder etwas an mir nicht nur gut, sondern sogar »toll« findet. Kurzum: Sie gehört zu den Frauen, ohne die ihre Männer weniger sicher durchs Leben gingen.

9. Den anderen wachsen lassen

Kein Mensch bleibt so, wie er ist. Das ist das Besondere an ihm. Verändert er sich nicht, bleibt er in seiner Entwicklung stehen. Deshalb wird der, der liebt, froh darüber sein, wenn sich sein Partner so verändert, dass er mehr und mehr er selbst wird.

Die Zeiten der Veränderung sind allerdings häufig schwierig – für den, der sich weiterentwickelt, und mehr vielleicht noch für den, der noch nicht weiß, wie sich die Veränderung des anderen auf die Partnerschaft auswirken wird. Das aber ist das besondere Merkmal der Liebe, dass der eine den anderen wachsen *lässt*. Und zweifellos ist dieses Zulassen die größte Gewähr dafür, dass die gemeinsame Liebe nicht verloren geht.

Sie sagen vielleicht, Ihr Partner habe sich zu weit von Ihnen fortentwickelt. Meinen Sie damit, dass er nicht mehr ganz den eigenen Vorstellungen entspricht? Hat er sich denn *menschlich* weiterentwickelt? Wenn das so wäre, worüber klagen Sie dann? Vielleicht sagen Sie auch, Ihr Partner habe sich *nicht* weiterentwickelt. Ob das stimmt? Und wenn's so wäre – lag es nur an ihm? Und Sie, haben Sie sich nicht weiterentwickelt?

Wichtig ist, dass sich beide Partner weiterentwickeln. Und das wäre Liebe, wenn der eine darauf achtgäbe, dass der andere zu dem käme, was ihm am Herzen liegt.

10. Gute Erinnerungen wecken

Nach einem langen Streit, der ohne Versöhnung endete, fand sie am nächsten Morgen unter ihrem Frühstücksteller ein Blatt, auf dem stand:

> Hast du vergessen,
> dass wir vorgestern noch miteinander zärtlich waren –
> dass Anja in der letzten Woche sagte: »Wie gut, dass ihr euch nicht wie andere Eltern so oft streitet« –
> dass wir uns meistens gut verstehen –
> dass es nicht wenige Stunden gibt, in denen wir miteinander richtig glücklich sind –
> dass wir uns treu sind –
> dass uns viele wegen unserer Ehe beneiden –
> dass wir schon eine lange und gute Geschichte miteinander haben –
> dass wir uns, wenn es schwer wurde, immer aufeinander verlassen konnten –
> dass wir manches, was uns aneinander missfiel, gut bewältigt haben –
> dass wir uns vornahmen, nie länger als einen Tag böse aufeinander zu sein –
> dass ich nur dich als Frau möchte –
> dass ich dich liebe.

Am Abend fand er unter seinem Teller einen kleinen Zettel, auf dem nur stand: »Danke, dass du mich an all das erinnert hast.«

»Ich habe Angst vor Krankenhäusern und davor, was da passiert.« – Oder: Versuchen Sie, ein freundlicher Patient zu sein und warten ab, was dann passiert!

Nicht wenige alternde Menschen fürchten, einmal (oder öfter) ins Krankenhaus zu müssen. »Ich muss ins Krankenhaus!«, sagen sie. Ihre Gesichter wirken leidvoll. Mancher, der diese Mitteilung empfängt, entwickelt Mitgefühl. Und in dem Maße, in dem das Mitgefühl dramatisch vorgetragen wird, entwickeln sich in dem Kranken seltsame Fantasien. Manche Patienten befürchten, »hier nie mehr rauszukommen«. Andere fürchten sich vor den Schmerzen. Wieder andere fürchten, durch Ärzte und das Pflegepersonal entmündigt zu werden. Dann gibt es auch jene, die sich unter keinen Umständen von diesen »wildfremden« Menschen berühren lassen wollen.

Während ich diese Sätze schreibe, sehe ich sie wieder vor mir: die Schwestern, Pfleger, Ärzte, auch den Chefarzt im Landeskrankenhaus in Salzburg. Mit starken Schmerzen ging ich in das ungeliebte Haus. Dann wurde mir hervorragend mein grimmiger Unterkiefer gerichtet! An Schmerzen kann ich mich kaum erinnern. Sie wurden gar nicht erst zugelassen. Wie war es sonst? Freundlich, aufmerksam waren die mich versorgenden Menschen. Ich bin meinen großartigen Helfern noch heute dankbar.

Das kennen Sie wahrscheinlich aus Ihren Besuchen im Krankenhaus: Es gibt Patienten, die für das Pflegepersonal eine Herausforderung sind. Tritt ein Helfer herein, fürchtet er bereits vor der Tür die leidenden Blicke oder das griesgrämige Gesicht. Der freundliche Gruß wird mit einem maulenden Kurzwort oder gar nicht erwidert. Der unwirsche, fordernde Ton des Patienten motiviert den Helfer, so rasch wie möglich den ungastlichen Raum zu verlassen. Ich gehe davon aus, dass Sie nicht zu dieser Gruppe von Patienten gehören.

Falls doch: Nun zu den »wildfremden Menschen«, vor denen Sie sich fürchten, also zu den ÄrztInnen, Krankenschwestern und Pflegern. Zu den »Wilden« würde ich diese Menschen nicht rechnen, und »fremd« bleiben Sie Ihnen nur dann, wenn Sie mit einer Kampfansage ins Krankenhaus gehen. Stattdessen empfehle ich Ihnen diesen Vorsatz: »Ich versuche, ein freundlicher Patient zu sein.«

Wer ist ein freundlicher Patient? Jemand, auf den sich die scheinbar fremden Menschen freuen, wenn sie gerufen werden. Jemand, der nicht bei jeder Kleinigkeit die Klingel drückt. Ein freundlicher Patient ist jemand, der den helfenden Menschen ansieht und ihnen also Ansehen schenkt. Jemand, der der Schwester oder dem Pfleger behilflich ist, wenn er oder sie den Körper behandelt. Jemand, der nachsichtig ist, wenn das Pflegepersonal gerade nicht gut gelaunt ist. Es könnte ja sein, dass selbst ein Helfer einmal Sorgen hat. Und manchmal sieht man sich ja wieder.

»Und wenn ich so große Angst vor Operationen habe?«, fragt jemand. Ich hatte vor meiner ersten OP auch Angst. Dann war ich überrascht, mit welcher Freundlichkeit ich auf die OP vorbereitet wurde. Beim zweiten Mal war die Angst schon sehr viel geringer. Lernen Sie, wenn es irgendwie geht, den Menschen kennen, der Sie operiert oder für die Narkose verantwortlich ist. Sagen Sie ihm oder ihr, dass Sie Angst haben. Überlassen Sie die Verantwortung nicht nur den anderen. Achten Sie selbst auch darauf, was mit Ihnen geschieht. Machen Sie sich bewusst, dass Sie während der Operation gar nichts merken und anschließend Medikamente bekommen, die Ihre Schmerzen lindern oder sie gar nicht mehr spüren lassen. Und: Ja, Sie kommen wieder nach Hause!

Und dann dieses: Die meisten Dinge im Leben, vor denen wir uns fürchten, treten so nicht ein, wie wir sie befürchtet haben. Manchmal sehen wir Bilder vor uns, deren »Maler« nicht die Realität ist, sondern unsere eigene Angst. Wenn aber die Angst unsere Vorstellungen bestimmt, verengt sich unser Blick. Dann erkennen wir nicht mehr den größeren Zusammenhang. Dann übertragen wir unsere angstvollen Vorstellungen auf das, was in der Realität ganz anders ist und anders aussieht. Nein, das ist nicht immer so, aber häufiger, als wir glauben. Seitdem ich diesen nur theoretisch klingenden Satz begriffen habe, lebe ich leichter.

»Ich habe Angst, irgendwann an Alzheimer zu erkranken.« – Oder: Sehen Sie auf das Gute hier und heute!

Nun kommt ein Abschnitt, der unbedingt in dieses Buch gehört. Denn in ihm ist von einer Furcht die Rede, die sich immer mehr ausbreitet. Es gibt aber auch Einsichten, vielleicht sogar Kenntnisse, die die Furcht verringern könnten: die Furcht, sein Gedächtnis, ja seinen ganzen Verstand eines Tages zu verlieren.

Eine ältere Dame sagte einmal zu mir: »Man hört ja nicht gerade selten von alten Menschen, dass sie den Verstand verloren haben. Wenn mich ein solches Schicksal treffen würde – ich mag gar nicht daran denken. So jemand weiß doch nicht einmal mehr, wer er selbst ist und wer seine Kinder sind. Er irrt durch die Straßen und findet nicht mehr nach Hause. Nein, das will ich nicht. Dann möchte ich lieber tot sein!«

Hoffnungsvoll machen mich Sätze der französischen Schriftstellerin Christiane Singer, die anders als viele kluge Zeitgenossen sagt: »Selbst noch inmitten der bewusstseinsleeren Senilität können wir auf keinen Fall Vermutungen darüber anstellen, was der alte Mensch, der mit ihr geschlagen ist, wirklich *erlebt.*«[16] Was erlebt er denn?

Zweifellos ist seine Kommunikation mit *anderen* gestört. Zweifellos bemerkt er kaum oder gar nicht, wenn und wie sich nahestehende Menschen ihm zuwenden. Wahrscheinlich erreichen sie ihn kaum oder gar nicht mehr. Das bedeutet aber nicht zwangsläufig, dass der Kranke auch von sich selbst getrennt ist. Denn »die unauffällige Rückkehr zum ›normalen‹ Bewusstsein, die man bei manchen sehr alten Menschen beobachten kann, lässt erkennen, dass die langen Phasen, die für sie jede Kommunikation mit ihren Nächsten ausschließen, keinesfalls mit einem ›Nichterleben‹ gleichzusetzen sind«.[17]

Weniger hoffnungsvoll schreibt Inge Jens, die Gattin des großen Literaten und Rhetorikers Walter Jens, über seine rasch sich verschlimmernde Demenz, eine Erkrankung ähnlich der Alzheimerkrankheit. Für seine Frau – sie waren 57 Jahre glücklich verheiratet – war das langsame »Entschwinden« ihres Mannes in eine Welt, zu der sie keinen Zugang hatte, hart, sehr hart. »Den Mann, den ich liebte, gibt es nicht mehr …«, bekannte sie einmal in einem Interview, das viele ihrer Leser tief berührte. Und doch: An anderer Stelle, in einem Interview sagte sie: »Wir können nicht reingucken in seinen Kopf, und er kann uns seit vielen Jahren nicht mehr sagen, was in ihm vorgeht. Ich kann nur hoffen, dass es für ihn selbst nicht so traurig ist.«

Aufsehen erregte das Buch von Walter Jens' Sohn Tilman *Demenz – Abschied von meinem Vater*.[18] Er beschreibt das lange und oft qualvolle Sterben des Gedächtnisses des Vaters. Als Walter Jens noch gesund war, hatte er sich vorgenommen, freiwillig aus dem Leben zu scheiden, wenn ihn diese Krankheit jemals treffen sollte. Später jedoch, als er längst krank war, wollte er von dieser Idee nichts mehr wissen. Eines Tages rafft sich der Vater auf und sagt in Gegenwart seiner Frau und seines Sohnes Tilman: »Ihr Lieben, es reicht. Mein Leben war reich und erfüllt. Aber jetzt will ich gehen.« Inge Jens sagt nur: »Walter, ich kann dich verstehen.« Minuten vergehen, dann lächelt Walter Jens und sagt: »Aber schön ist es doch!« Er seufzt tief, dann fallen ihm die Augen zu.

Als Inge Jens nach einer Hüftoperation zur Rehabilitation muss, übernimmt Margit, eine robuste schwäbische Bäuerin die Pflege. Die beiden verstehen sich gut. Jens erlebt erfreuliche Dinge, so zum Beispiel den Besuch auf einem Bauernhof, bei dem er etwas entdeckt, was ihm bis dahin gänzlich fremd war: die Tiere. Was aber hätte wohl der gesunde Jens zu seiner neuen Vorliebe gesagt?

Hoffnung macht Eleonore von Rotenhan, die Gründungsvorsitzende der Deutschen Alzheimer Gesellschaft in ihrem realistischen und ergreifenden Buch über die Alzheimer-Erkrankung *Paradies im Niemandsland.*[19] Im Vorwort sagt sie, man müsse vor allem danach fragen, was in den Kranken vorgehe und welche Bedürfnisse sie hätten. Sie würden ja nicht einfach, auch am Ende ihres Lebens nicht, zu leeren Hülsen – ohne Verstand, Sprache und Persönlichkeit, sondern haben nach wie vor große Erlebnis- und Entwicklungsmöglichkeiten und eine starke Emotionalität. Kontakt mit Tieren, Musik, angewandte Kunst, expressives Malen seien für sie ganz neue Möglichkeiten einer intensiven Begegnung mit ihrer Umwelt, und man habe den Eindruck, sie seien glücklich – »anders als ihre Angehörigen und Freunde, die meist nur den Verlust sehen«.

Das Buch erzählt die Geschichte von Barbara und ihrem Gatten Jörg, der an Alzheimer erkrankt war. Gegen Ende des Buches wird geschildert, dass Barbara in einem Traum eine Stimme hört – ob es Jörgs Stimme ist, fragt sie sich –, die ihr immer wieder sagt: »Das kleine Stück zwischen gestern und morgen ist das einzige, was wir haben.« Der Traum berührt sie stark. Dann hat sie die Gewissheit, dass es das kleine Stück zwischen gestern und morgen zu leben gilt. Sie fragt sich: »Könnte es nicht sein, dass Jörg alles dies wusste, wenn auch auf eine andere Weise als vor seiner Krankheit?«

Sie wusste nicht, ob er noch so wie sie fühlte. Das hatte sie auch bei ihrer eigenen Mutter nicht gewusst, die ebenso an Alzheimer erkrankt war. »Und doch, wenn es das Paradies im Niemandsland gab,« – diesen Ausdruck hatte sie einmal gehört –, »dann musste sie jetzt danach leben.« Oft sah sie ihn, wie er in weites Land schaute, obwohl seine Augen wie tot erschienen. Aber in seinen Augen lag »ein unendliches Glück«. Barbara ahnte schon lange, »dass es so etwas wie den Einbruch einer Macht gab, die größer war als das, was sie *denken* konnte. Galt nicht gerade für diese (Kranken), dass sie, Sprache und Verstand hinter sich lassend, sich endlich öffnen konnten für eine Form von Gottesnähe, die nicht im Bewusstsein erkannt werden kann?«

Eines war Barbara klar, dass das, was sie in letzter Zeit mit Jörg erlebt hatte, »mehr war als nur Chemie und Physik. Da war eine Kraft und Energie, die um ihn war, durch ihn hindurch ging und ihn ausfüllte.« Sie selber nannte diese Kraft Gott, aber das war nur ein Name »für das, was war und sein würde«.

Ich verstehe die Sorge der älteren Dame gut. Sie beschleicht mich auch manchmal. Doch wenn sie kommt, denke ich bewusst an die Vielfalt negativer Möglichkeiten, die mich auch treffen könnten. (Ich zähle sie lieber gar nicht erst auf.) Was hilft gegen die Sorge? Auf das sehen, was jetzt gut ist, wie sich meine Gesundheit jetzt anfühlt, was mir jetzt Vergnügen bereitet, was jetzt sinnvoll erscheint. Diese Lebenshaltung lenkt nicht nur von dieser speziellen Sorge ab, sie ist auch ein geeignetes Mittel gegen das Heraufkommen anderer unterschiedlicher pathologischer Formen des Alterungsprozesses.

Ich selbst bin nur einmal einem an Alzheimer Erkrankten begegnet. Er kam von weit her. Er war zu mir gekommen, um sich von mir bei Wanderungen in die innere Welt begleiten zu lassen. Wir arbeiteten einen ganzen Tag miteinander. Ich fand seine Nähe sehr angenehm. Er meine offenbar auch, denn er kam wieder. Und zu meiner Überraschung sagte er: »Es geht mir schon besser.« Nur diese beiden Tage kam er. Die Anreise zu mir war für ihn zu anstrengend. Ich empfahl ihm eine Kollegin, die in seiner Nähe praktizierte. Diese beiden Tage haben mir eines gezeigt: Die inneren Bilder – ich nenne sie die Gesichter der Gefühle und der Gefühlskräfte – waren von der Krankheit offensichtlich (noch) nicht tangiert. Ob man auf diese Weise dieser Erkrankung vorbeugen kann? Vielleicht, vermutlich.

»Ich will nichts geschenkt haben. Dann muss ich mich auch nicht bedanken.« – Oder: Wer dankt, wird heiter.

Sie gehören hoffentlich nicht zu denjenigen, die nichts geschenkt haben mögen – aus der Befürchtung heraus, dafür danken zu müssen. Jedenfalls war mein Großvater einer dieser Menschen. Ich fürchtete am Heiligen Abend immer eine Situation: Bevor ich meinem Großvater mein kleines Geschenk überreichen konnte, streckte er mir seine Hand entgegen und bedankte sich. Es war ihm sichtlich peinlich, mir danken zu müssen. Nicht anders erging es der übrigen Familie.

Zu den in der heutigen Zeit nicht sonderlich attraktiven Werten gehört die Dankbarkeit. Doch ist sie alles andere als eine antiquierte Tugend – sie ist ein geistvoller Wert, der wie kaum ein anderer dazu führen kann, das Leben »richtig gut« finden zu können. Warum? Dankbarkeit ist Ausdruck von Lebensbejahung, Folge des Nachdenkens über gehaltvolles, sinnerfülltes Leben. Sie ist Vergegenwärtigung einer guten Zeit und löst deshalb in der Seele freudvolle Gefühle aus.

Dankbarkeit ist auch Ausdruck gefühlter Erkenntnis, dass vieles, was wir an Erfreulichem erleben, nicht nur von uns abhängt, sondern von anderen und anderem: von Menschen, von Gott, von besonderen Situationen und bestimmten Zeiten. Von Dankbarkeit sprechen auch die Märchen. Für sie ist Dankbarkeit eine hervorragende Charaktereigenschaft, weil sie Ausdruck der Wertschätzung von Leben ist. Verständlicherweise sagt deshalb deren Weisheit, dass der Undankbare am Glück vorbei, der Dankbare dagegen mitten ins Glück hineingeht.

Wie erkennt man einen dankbaren Menschen?

Er ist heiter, gelassen, warm. Er bejaht das Leben. Er hadert nicht mit dem, was war, und ist deshalb mit seiner Vergangenheit ausgesöhnt. Er entwickelt im Lauf der Zeit eine positive Suchhaltung und findet deshalb leicht neue Gründe für Dankbarkeit. Weil er offen ist für das, was ihm begegnet, lebt er gegenwärtig. Dass ein solcher Mensch sich wenig ärgert, weder über sich noch andere, und sich vom Misslichen wenig beeindrucken lässt, bedarf gewiss keiner besonderen Erwähnung. Er hat ausreichend Kraft, auch die sogenannten »undankbaren« Dinge gelassen hinzunehmen und sie als integralen Bestandteil des Lebens zu verstehen. Der Dankbare ist mit sich eins. Er ist frei.

Es gibt Menschen, die sich an jedem Abend vergegenwärtigen, was sie während des Tages an Gutem erlebt haben. Und je länger sie das tun, desto mehr wächst die Freude in ihrem Alltag. Dabei denken sie keineswegs nur an große Ereignisse oder Begegnungen, denn die gibt es bekanntlich nicht so häufig. Sie denken eher an Annehmlichkeiten, Freundlichkeiten, Überraschungen, sinnvolle Handlungen, an das, was Grund zur Freude gibt.

Aber, könnte jemand skeptisch fragen, sind das nicht zu sehr Kinder der heilen Welt? Meiner Erfahrung nach sind viele Dankbare das genaue Gegenteil, nämlich Menschen, die Schweres erlebt haben und durch ihre Schwierigkeiten besonders offen geworden sind für das, was ihr Dasein freundlicher macht. Das wird bestätigt durch einen jungen Zweig der psychologischen Forschung, der sich mit Dankbarkeit befasst. Diese Forschung hat Erstaunliches herausgefunden.[20] Nämlich, dass dankbare Menschen …

- die schönen Momente des Lebens intensiver auskosten,
- positive Gefühle wie Freude, Begeisterung, Optimismus stärker empfinden,
- das eigene Selbstbewusstsein und Selbstwertgefühl steigern,

- weniger anfällig sind für negative Gefühle wie Neid, Gier, Bitterkeit und Minderwertigkeitsgefühle,
- besser mit Stress- und Krisensituationen umgehen können,
- sich schneller von Erkrankungen erholen, da sie eine robustere psychische Gesundheit haben,
- eine stärkere Verbundenheit zu anderen haben, hilfsbereiter und rücksichtsvoller sind,
- sich Gott näher fühlen und mit ihrem Leben zufriedener sind.

Wofür man danken kann? Für alles, was auf uns zukommt, was uns begegnet, widerfährt und Freude auslöst. Für alles, was unsere Tage bereichert. Für alles, was unser Ja zum Leben stärkt. Für alles, womit wir nicht gerechnet haben. Für alles, was unsere Tage bereichert. Für alles, was unser Ja zum Leben stärkt.

Woran denken Sie, liebe Leserin, lieber Leser?

Bitte lassen Sie sich Zeit zum Nachdenken. Wenn ich in meiner »Schule des Lebens« diese Frage stelle und die Teilnehmer anrege, sich zehn Minuten lang Notizen zum Thema zu machen, sind zehn Minuten zu kurz. Und die Reaktion? Wenn ich sie Ihnen jetzt beschreiben würde, würden Sie mich vermutlich einen Schwärmer nennen. Wofür ich dankbar bin? Für vieles, hier gebe ich Ihnen nur einige Beispiele:

- Für die Begegnung mit einem Freund, den ich schon lange nicht mehr gesehen habe,
- für den versöhnlichen Brief, den mir jemand schrieb, der sich im Streit von mir getrennt hatte,
- für die alte Frau, die mir ihre Hände entgegenstreckte und mich dabei strahlend anschaute,
- für die Bewahrung auf der Autobahn, als ich eingenickt war und zum richtigen Zeitpunkt wieder wach wurde, als ich einen Lkw vor mir sah,
- für das wunderschöne Violinkonzert, das mir jemand schenkte, als es mir nicht gut ging,
- ja, auch dafür – nennen Sie das nicht kitschig! –, dass jeden Morgen die Sonne wieder aufgeht,
- für die Kinder, die aufrecht ihren Weg gehen,
- für die Eltern, die zeigen, dass es wirklich die Weisheit des Alters gibt,
- für das unerwartete Verzeihen des Partners,
- für die wiedergewonnene Hoffnung nach der langen Zeit der Hoffnungslosigkeit,

- für die Gesundung nach der schweren Krankheit.

Dankbar sein – wofür noch? Für unser Leben – für unser *Leben*!

»Das war's also, dieses Leben?« – Oder: Offen bleiben für das, was war, was ist und was kommt

Vieles, was wir haben und behalten möchten, geht wieder verloren: Geld und Geltung, Jugend und Liebe, Partner und Freunde, Gesundheit und Schönheit und vieles andere mehr. Vieles um uns herum verändert sich. Das jedoch, was uns gewiss bleiben könnte, ist die jedem Menschen gegebene Freiheit, sich den Wandlungen und Veränderungen gegenüber offen zu verhalten und offen zu bleiben gegenüber dem, was uns das Leben bringt.

Warum ist das so wichtig? Weil wir in der Zeit leben und nicht über den Rand des Hier und Jetzt hinaus unser Leben verstehen können, weil nicht nur wir selbst unser Leben bestimmen, sondern auch unsere Mitwelt darauf Einfluss nimmt, wie es uns geht und was aus uns wird – und das keineswegs immer nur im Schlechten, auch im Guten, vor allem dann, wenn wir einer möglichen Entwicklung eine Chance geben.

Wo etwas werden soll, entstehen Wirbel. Das ist in der Natur so, das ist im menschlichen Leben so. Wachstum ist Bewegung. Und wenn es in uns selbst und um uns herumwirbelt, sind vielleicht jene Kräfte am Werk, die unsere eigentliche Persönlichkeit herausbilden wollen. Sollte deshalb jemand unter uns sein, der dazu neigt, angstvoll in die Zukunft zu sehen und sich damit die Sicht für mögliches Glück zu verstellen, dann gebe ich ihm gern den Satz eines alten Mannes weiter, der für mich ganz kostbar geworden ist. Er stammt aus einer alten chinesischen Geschichte:

> »Ob etwas, was uns begegnet,
> ein Unglück ist oder ein Segen, weiß ich nicht,
> weil ich nicht weiß, was folgen wird.
> Das Leben kommt in Augenblicken,
> und mehr bekommen wir nie zu sehen.«

Bleiben Sie also offen!

- Für das, was aus den Kindern wird, auch dann, wenn sie gegenwärtig nur im Strom der Zeit zu schwimmen scheinen. Denn niemand von uns weiß, welche Erfahrungen sie brauchen, wenn sie einmal erwachsen sind.

- Offen bleiben, wenn die Krise der mittleren Jahre all das hinwegzuspülen scheint, was wir uns vom Leben erdacht oder erträumt haben. Denn niemand von uns weiß, ob die Krise sich zur Gefährdung oder zur *Chance* entwickeln wird, sodass wir tiefer noch als bisher mit dem Leben verbunden werden.
- Offen bleiben auch mit Blick auf die späteren Jahre, wenn die Zeit abnimmt und die graue Sorge zunimmt. Denn niemand von uns weiß, ob die Tage, die uns dann verbleiben, Tage der Leere oder der Fülle sein werden.

Sich den Wandlungen und Veränderungen gegenüber offen zu verhalten, das heißt auch loszulassen, zum Beispiel den Hader, den Groll, die Wut, die Bitterkeit angesichts der Verletzungen aus alter Zeit – denn solange ich dies alles nicht loslasse, wird die mögliche Lust am gegenwärtigen Leben durch die Last des vergangenen niedergehalten:

- Bestimmte Vorstellungen darüber, wie mein Leben hätte verlaufen sollen, oder lang gehegte Träume, auch die, die – vielleicht – erfüllbar gewesen wären. Denn solange ich sie nicht loslasse, übersehe ich das Glück, das sich hier und heute zeigen möchte.

- Die Ansprüche und Forderungen, es solle gerecht zugehen in der Welt – denn solange ich diese Ansprüche und Forderungen nicht loslasse, verlange ich eine Weltordnung, die es nun mal nicht gibt.
- Schließlich auch den tiefsten aller Wünsche, nicht sterben zu müssen. Denn wenn ich diesen Wunsch nicht loslasse, versäume ich es, das Gold in der mir geschenkten Zeit zu finden.
- Offen bleiben auch für die Entwicklung des Landes und der Welt, in dem und in der wir leben. Denn Leben ist Geschichte, und niemand weiß – das zeigt auch die Geschichte der Vorhersagen ach so kluger Leute –, wie sie in Wirklichkeit verlaufen wird. Und – vielleicht – gibt es ja auch einen, der sie von einem höheren Standort aus lenkt.

Dies und vieles andere mehr loszulassen bedeutet, ins Leben einzuwilligen, wie es nun einmal ist, offen für das zu sein, was das Leben an sinnstiftenden Neuerungen für uns bereithält.

»Ich mag an das Sterben überhaupt nicht denken.« – Oder: Alles ist Leben!

Bisher habe ich mich über jedes Kapitel, das auf mich wartete, gefreut. Nun aber geht es allen Ernstes um das Thema Sterben und Tod. Die beiden gehören zwar zusammen, weil das Eine aus dem Anderen folgt. Nur: Wenn ich sterbe, bin ich noch in dieser Welt. Und dann?

Ich habe schon einen Abschnitt geschrieben, ihn aber wieder verworfen. Ich hatte ganz allgemein über das Sterben geschrieben. Doch dann ging mir auf: Die Frage, wie es mit dem Sterben gehen kann, geht ja zuerst einmal mich selbst etwas an. Und? Ja, ich weiß, irgendwann bin ich dran. Ich halte jetzt beim Schreiben an. Ist das wirklich wahr, dass dieses, mein Leben irgendwann stirbt? Das Sterben gilt wirklich auch für mich? Auch für mich!

Wie viele Sätze habe ich darüber gelesen! Ich weiß darüber gut Bescheid. Doch etwas anderes wird es sein, wenn ich irgendwann tatsächlich auf meinem Lager liege und ahne, vermute, weiß, dass es ans Sterben geht. Nur: Ich finde das Leben inzwischen so gut, dass ich nicht sterben möchte. Gewiss, vieles, was sich künftig entwickeln wird, ist für mich nicht überschaubar. Ja, und dann ist da noch der Krebs. Aber er gibt Ruhe. Und wer weiß, ob nicht in überschaubarer Zeit ein noch besseres Medikament gefunden wird. Trotzdem: Das Sterben kommt ganz sicher. Und der Tod.

Wenn ich nun konkret ans Sterben denke? Mir kommt immer wieder ein Satz in den Sinn: »Abraham starb alt und lebenssatt.« Das bedeutet? Er hatte sein Leben ausgelebt. Es war nun gut so. Mehr an Leben brauchte nicht zu kommen. Und warum konnte er so sterben? Weil er offensichtlich die Zeit, die er zum Leben hatte, sinnvoll gelebt hatte, weil es eine gefüllte Zeit gewesen war. Ähnlich empfand offensichtlich eine sehr gläubige und wahrscheinlich auch sehr heitere alte Dame, die sich auf dem Sterbebett einfach nur unglaublich darauf freute, dass »es endlich losgeht mit dem Sterben«, weil sie »dem alten Mann doch endlich hinter die Karten schauen möchte«.

Heute geht Sterben anders: Sterben auf der Autobahn, Sterben durch Hassende in Schulen oder Clubs, Sterben in Altenheimen, Sterben in Krankenhäusern – und manchmal auch zu Hause. Er oder sie starb in Frieden. Wie gut! Er oder sie musste sich sehr quälen. Wie traurig! Einer lachte sogar beim Sterben (tatsächlich). Dann das Sterben meiner Mutter. Ich war bei ihr. Sie hatte ein schweres Leben gehabt. Sie hat oft geweint. Hat sich immer wieder aufgerichtet. Und war wieder tief unzufrieden mit dem Leben. Besonders in der letzten Zeit. Irgendwann schlug ihr Herz immer langsamer. Dann hörte es auf zu schlagen. Doch kurz vorher lag ein wunderschönes Lächeln auf ihrem Gesicht. Es blieb noch eine Weile nach ihrer Todesstunde. Es war, als wanderte sie aus dieser Welt in eine andere. So empfand ich es. Ich war sehr froh darüber, wie sie starb. Meine Mutter, die ein so unerfülltes Leben gehabt hatte, lächelte, als sie starb. Darauf hätte ich nie zu hoffen gewagt!

Und ich? Ich denke oft an den Tod, weniger ans Sterben. Warum? Weil ich nicht weiß, wie mein Sterben sein wird. Ich bin auch noch nicht satt vom Leben. Wohl aber weiß ich, dass ich, wenn es denn soweit ist, viel erlebt und geliebt haben werde. Aber ob ich dann ein friedvolles Sterben haben werde – wie vor Zeiten Abraham, wie meine Mutter und viele andere mehr – oder ein schweres? Ich beschäftige mich mit der Form des Sterbens nicht. Ich male mir nicht aus, wie es sein wird. Ich habe die Gewissheit und Zuversicht, dass meine Frau bei mir sein wird, vielleicht auch meine Kinder. Und dass sich gute innere Bilder vom Leben und von der Schwelle zum Tod zeigen werden. Und dass ich trotz allem, was sein wird, die große, warme Hand fühle, die mich durch das ganze Leben geführt hat. Dann wäre alles gut.

Was könnte ich Ihnen, liebe Leserin, lieber Leser, sagen, wenn Sie mir zu verstehen gäben, Sie vergingen vor Angst, wenn Sie ans Sterben dächten? Nichts anderes als mir: Sie wissen nicht, was kommt. Deshalb malen Sie sich das Sterben nicht aus. Sehr wohl können Sie daran denken, dass die heutige Medizin Mittel hat, viele Schmerzen zu lindern oder sie gar nicht erst spürbar werden zu lassen. Und sicher ist es gut, früh genug daran zu denken, welche Hand Sie beim Sterben begleiten könnte.

Zum Abschluss dieses Kapitels möchte ich Sie auf ein anderes Buch der Französin Christiane Singer hinweisen, das ich für besonders kostbar halte: Es heißt *Alles ist Leben. Letzte Fragmente einer langen Reise.*[21] Es ist ein Tagebuch über die letzten sechs Monate ihres Lebens. Sie begann es, nachdem sie die Diagnose Krebs bekommen hatte. Gern möchte ich Ihnen daraus einige Sätze wiedergeben:

Jeder Tag – ein guter Tag! Eine Krankheit ist in mir. Das ist eine Tatsache. Meine Arbeit wird nun darin bestehen, darauf zu achten, dass ICH nicht in der Krankheit bin. (14)

Ständig bieten sich wundervolle Momente, in denen ich auf so tiefe Art ergriffen werde, wie ich es bisher nicht kannte. (21)

Die wirklich Lebenden sind ohne Alter. Nur die lebenden Toten zählen die Jahre … Und diejenigen, die in der Krankheit ein Scheitern oder eine Katastrophe sehen, haben noch nicht zu leben begonnen. (27)

Und doch habe ich jedes Mal, wenn eine schwerwiegende Nachricht endgültig bei mir ankommt [...], das Gefühl, dass ich mit ihr wachse, *ja: dass ich wachse …* (65)

Seid nicht enttäuscht, dass der Tod scheinbar gesiegt hat, das ist nur der äußere Schein, die Wahrheit ist: Alles ist LEBEN, ich trete aus dem Leben heraus und trete in das Leben ein. (73)

»Ich mag an den Tod überhaupt nicht denken.« – Oder: Alles Leben verwandelt sich nur in neues!

»Bloß nicht dran denken«, sagen viele, wenn nicht die meisten Zeitgenossen, und meinen den Tod. Nicht daran, die geliebte Frau, den Mann, die Kinder oder Enkelkinder loszulassen, das Haus, das zur Heimat geworden ist, den so vertrauten Ort und die Freunde ... Manche denken konkret und mit Horror daran, ins kühle Grab versenkt zu werden und womöglich »da unten« wieder zu erwachen. Andere sehen sich einem gähnenden Nichts gegenüber. Noch viel schlimmer ist die noch immer grassierende Vorstellung vom Fegefeuer oder der Hölle. Milder stimmt schon eher der vage Glaube, mit dem Tode sei alles aus.

»Ist mit dem Tode tatsächlich alles aus?«, fragt der österreichische Schriftsteller Franz Kafka. Müssen wir ihn fürchten wie sonst nichts im Leben? Oder ist mit dem Tode *alles* aus? Also auch jedwedes Leben, sodass wir nichts, aber auch gar nichts merken, wenn wir das Leben ausgehaucht haben?

Wenn wir das wüssten! Wenn wir auf dieses größte Rätsel eine Antwort wüssten!

Eins scheint vielen großen Geistern gewiss zu sein: dass der Tod Sinn macht, dass er uns dazu herausfordert, das Leben mit Sinn zu füllen, solange es da ist, dass, wer sinnerfüllt lebt, weder das Sterben noch den Tod fürchten muss.

Und auch das könnte unsere Angst verringern: »Nicht die Dinge selbst beunruhigen Menschen«, sagt der große griechische Philosoph Epiktet. Und an anderer Stelle: »Die Vorstellungen vom Tod, er sei etwas Furchtbares, das ist das Furchtbare.« Eines bleibt sicher: dass wir den Tod nicht kennen, bis wir ihn selbst erfahren werden.

Es gibt also nichts, was wir vom Tode wissen könnten? Vielleicht dieses: Der Tod ist, trotz seiner Fremdheit, die letzte neue Hoffnung, das letzte Neue, das ein Mensch erfährt. Alles andere gehört dem Glauben an. Dem Glauben? Dem Glauben. Und was beweist der? Mich macht immer wieder eine rabbinische Geschichte nachdenklich, die Martin Buber gesammelt hat:

»Ein sehr gelehrter Mann suchte einmal einen Rabbi auf, um ihm die Flausen seines Glaubens auszureden. Als er ins Haus eintrat, blieb er betroffen stehen, denn das Gesicht des Rabbis zeigte einen solch ungewöhnlich tiefen Ernst, dass ihm die Knie weich wurden. Und dann hörte er, wie der Rabbi immer wieder diesen Satz murmelte: ›Vielleicht aber ist es wahr.‹ Was der Rabbi meinte, war dem gelehrten Mann rasch klar. Es ging darum, ob Gott sei. Dann bot der gelehrte Mann seine ganze intellektuelle Kraft auf, um dem Rabbi seinen Glauben an Gott auszureden, doch dessen tiefernstes Wort ›Vielleicht aber ist es wahr‹ brach seinen Widerstand.«[22]

Es fällt mir nicht leicht, die folgenden Zeilen zu schreiben. Ich glaube zwar an einen persönlichen Gott, doch ist der Zweifel mein ständiger Begleiter. Deshalb lese ich auch die Worte des beliebten Papstes Johannes XXIII. fast ungläubig, neidisch und doch mit einem starken Gedanken, der aus meinen unvernünftigen Tiefen aufsteigt: »Vielleicht ist es wahr …«

»Ich habe mich so gut an den Gedanken meines Sterbens gewöhnt«, sagte der sympathische Mann Gottes, »dass er mir jetzt überhaupt keine Angst mehr bereitet. Denn ich weiß, dass der Himmel viel schöner ist als Venedig und dass dort wirklich das ewige Fest des Lebens beginnen wird … in der Begegnung mit unseren Lieben, die uns vorausgegangen sind und uns erwarten.«[23]

Ich sagte es schon: Ich bin 77. Wann wird der Tod zu mir kommen? In zwei Jahren oder vier oder acht – oder noch später? Was geht in mir vor? Ich denke an den Tod jeden Tag. Nicht ängstlich, auch nicht freudig, sondern mit einer behutsam aufkeimenden Hoffnung, dass ich nicht ins Nichts fallen werde. Dass ich aufgenommen werde von einem gütigen Gott, der das *Leben* ist.

Was ist sicher? Zweierlei:

Zum einen: Wenn einmal das Boot anlegen wird, um mich herüberzuholen ans andere Ufer des Flusses, dann werde ich wissen, dass die Zeit an meinem Ufer endgültig ausgelaufen ist. Dann wird mir noch einmal bewusst werden, dass mein Leben eine Wanderung war, mit einem Beginn und einem Ende. Dann werde ich vielleicht endlich begreifen, dass ich mir zu wenig Zeit nahm, meine Tage zu füllen mit Freiheit, mit Freude, mit Wärme, mit Sinn. Wenn einmal das Boot anlegen wird, um mich herauszufahren aus der Zeit, dann werde ich – wehmütiger vielleicht als je zuvor – dieses jetzt so oft verachtete Leben lieben.

Zum anderen: Wer an das Leben denkt und nicht *auch* an den Tod, wer an den Tod denkt und nicht *auch* an das Leben, kennt beide nicht und kommt mit beiden nicht zurecht. Deshalb ist es wichtig, so weit wie möglich sich aufs Leben *einzulassen* und die Gedanken an den Tod *zuzulassen*. Die Zeit des Lebens aber kann man so füllen, dass auch die Zeit vor dem Tod nicht angstvoll sein muss. Dazu einige Anregungen:

- Lernen, immer mehr *in* der Zeit zu leben, und sich vergegenwärtigen, dass die Sterne einmal ohne mich leuchten.
- Nicht einseitig leben und allem, was in uns leben will, zu seinem Recht verhelfen: zum Beispiel der Arbeit und dem Schlaf, dem Spiel und dem Lesen, dem Warten und dem Sichfreuen, dem Lachen und dem Weinen.
- Sich darum bemühen, »Fehler«, die schon oft das Leben beschwert haben, nicht ständig zu wiederholen.
- Sein größtes Problem einsehen und zu verändern versuchen.
- Sich irgendwann mit denen versöhnen, mit denen wir keinen Frieden haben.
- So weit wie möglich die Sorge »entsorgen« und darauf vertrauen, dass das Leben immer *mehr* ist als die Probleme, die es mit sich bringt.
- Den Humor ganz wichtig nehmen!
- Nach dem Ausschau halten, was wirklich wichtig ist.

- Das Problematische nicht übersehen, dann aber den Blick auf das richten, was das Leben lebenswert macht.

Und vor allem:

> Du darfst keinen Tag verlassen, ohne bemerkt zu haben, dass ein anderer deinen Blick gesucht hat,
> keinen Tag verlassen, ohne einmal einen Menschen angelächelt zu haben, ohne dich einmal über dich selbst gefreut zu haben,
> keinen Tag verlassen, ohne über etwas Konkretes gestaunt zu haben,
> keinen Tag verlassen, ohne einmal neugierig gewesen zu sein,
> keinen Tag verlassen, ohne einmal geglaubt, geliebt, gehofft zu haben.

»Nach mir die Sintflut!« – Oder: Welche Spuren möchten Sie einmal hinterlassen?

Sie gehören auch zu jenen Menschen, die den kühnen Satz »Nach mir die Sintflut!« sagen? Sie meinen also, mit dem Tode sei »alles aus«? Und was danach komme, sei Ihnen »wurscht«? Vielleicht haben Sie, was das Ende des Lebens betrifft, recht, vielleicht auch nicht. Das weiß kein Mensch. Wichtiger in diesem Zusammenhang ist mir die Frage, ob Ihnen *tatsächlich* egal ist, was Sie hinterlassen, wenn alles »vorbei« ist? Denn wenn Sie tatsächlich so denken, wird sich Ihre Einstellung, vermute ich, bereits hier und jetzt auf Ihr Leben auswirken. Deshalb frage ich Sie: Kann es sein, dass Sie sich selbst nicht wirklich mögen und Ihr Leben auch nicht?

Mit Hinterlassenschaft meine ich nicht Ihr Geld oder Haus oder ganz allgemein Ihren Besitz. Ich meine Ihre Spuren. Spuren sind sichtbar oder fühlbar, entweder auf einem Weg oder in der Seele. Es gibt Spuren in der Seele, denen man gern folgt, weil sie gute Erinnerungen wachrufen. Erinnerungen zum Beispiel an aufrichtige, humorvolle oder weise Menschen. Und es gibt Spuren, an die man gar nicht mehr erinnert werden möchte, weil auch sie Eindrücke in der Seele hinterließen, aber keine guten.

Lassen Sie uns bei den guten beginnen. Da war zum Beispiel die Frau, die nicht nur intelligent war, sondern sich auch leidenschaftlich für sozial Schwache einsetzte. Oder der Mann, der einen Betrieb leitete und im Rahmen seiner Möglichkeiten seine Mitarbeiter am Verdienst beteiligte. Oder der alte Herr, der trotz seines starken Rheumas immer freundlich wirkte. Oder die alte, heitere Dame, die ihren Postboten mit immer neuen Witzen beglückte. Wie gut, dass es diese Menschen gab!

Nun zu den Spuren, an die Menschen höchst ungern denken, weil sie ihr Leben schädigten. Zum Beispiel der Vater, der dem Sohn den Willen brach. Oder die Mutter, die ihre Tochter zur »Freundin« machte und ihr ständig von ihren ehelichen Problemen erzählte. Oder die »beste« Freundin, die die Freundin verriet. Oder der Chef, der den Satz sagte: »Ich will Sie nie wiedersehen.«

Ob es Ihnen wirklich egal ist, wie sich Ihr Leben auf andere auswirkt? Ob Menschen Sie nach Ihrem Tod vergessen oder ob jemand zum Beispiel den schlichten Satz sagt: »Gut, dass es ihn (oder sie) gegeben hat.«

Also, welche Spuren möchten Sie hinterlassen, ob nun mit dem Tode »alles aus« ist oder nicht? Und vergessen Sie nicht: Das, was Sie an lebens- und liebenswerten Zielen finden werden, kann schon hier und jetzt Ihr Leben verändern.

Und da ist noch etwas: Es geht nicht nur darum, wie andere nach dem Tod über Sie oder mich reden. Es geht auch darum, was wir hinterlassen werden, das »die Welt« ein klein wenig wärmer, liebenswerter und menschlicher macht. Denn was »die Welt«

ausmacht, wird – davon bin ich überzeugt – von jedem einzelnen Menschen ein klein wenig mitbestimmt. Das ist so!

Während des Schreibens kam mir zum Beispiel die Frage, welche für mich wichtige Spur meine Mutter in mir hinterlassen hat. Ich brauchte nicht lange zu überlegen: die Hoffnung. Meine Mutter, die, wie Sie wissen, kein glückliches Leben hatte, vermittelte *mir* in schwierigen Situationen oft das Gefühl: »Es« wird schon gut gehen – »Das kriegen wir schon hin!« *Diese* Spur hat mein Leben mehr bestimmt als jene eher gar nicht so schönen Spuren, die ich auch nicht vergessen habe. Von *dieser* kommt meine Hoffnung für die vielen Menschen, denen ich bisher begegnete.

Was ich Ihnen noch gern sagen möchte …
Ich meine Sie, die sich Ihr bisheriges Leben so ganz anders vorgestellt hatten.

Sie sind ein einzigartiger Mensch!

Ich kenne nicht Ihr Alter, liebe Leserin, lieber Leser. Vielleicht sind Sie 45 Jahre alt oder 52 oder 73. Ich weiß auch nicht, was Sie von sich selbst halten: ob Sie selbstbewusst sind oder resigniert, ob Sie sich als gescheitert ansehen oder mit sich »ganz zufrieden« sind. Eines ist sicher: Wie unser Leben verlaufen ist, welche Bedeutung es hat – für uns und unsere Familie und unsere Freundschaften und unsere weitere Mitwelt –, das können wir nicht einmal vom Ende unserer Lebensgeschichte her beurteilen. Denn unsere Seele ist weit wie der Ozean, von dem wir bekanntlich nur einen schmalen Bereich zu Gesicht bekommen.

Und noch etwas ist sicher: Weil Sie und ich und jeder andere Mensch auch einzigartig und unverwechselbar sind, kann niemand, auch wir selbst nicht, über den Wert unseres persönlichen Lebens urteilen. Das gilt selbstverständlich auch für den Weg, den wir bisher durchs Leben zurückgelegt haben. Und das gilt auch für unseren künftigen Wert. Andere können zwar sagen, was ihnen an uns nicht gefällt, niemals aber dürfen sie sich über unser Wesen auslassen. Nichts anderes meint letztlich auch der im Grundgesetz verankerte Satz, die Würde des Menschen sei unantastbar. Ist diese Tatsache nicht befreiend? Niemand kann mein *Wesen, das, was ich im Grunde bin,* beurteilen! Wohl das, was ich habe, was ich kann, was ich plane. Nicht aber mein Wesen. Davor muss er den Mund halten. Das ist nicht sein Ressort! Was heißt das konkret?

Mag sein,
dass Sie in Ihrer Ehe nie wirklich glücklich geworden sind –,
dass Sie kein Kind bekommen konnten –,
dass sich Ihr »Großer« nicht mit Ihnen versöhnen wollte –,
dass Sie behindert sind –,
dass Sie beruflich wenig Glück haben –,
dass Sie finanziell auf keinen grünen Zweig kommen –,
dass Ihre Freunde kommen – und gehen –,
dass Sie von Ihrer Umgebung nicht ausreichend wertgeschätzt werden –,
dass Sie einfach kein heiterer Mensch sind –,
dass die innere Dunkelheit Sie immer wieder einholt –,
dass Sie, wie Sie sagen, zu viele Fehler gemacht haben –,
dass Sie gegen Ihre immer wieder aufwallende Wut nichts machen –,
dass Sie sich für neurotisch halten –,
dass Sie sich insgeheim einen »Angsthasen« oder »lebensuntüchtig« nennen –,
dass Sie sich »auf der ganzen Linie« für einen Versager halten – und so weiter.

Ich vermute, dass Sie wirklich einen Fehler machen. Dass sehr viele Menschen diesen einen Fehler begehen. Dass Sie und andere *einseitig* denken: dass Sie nur auf das sehen, was Sie *nicht* haben, nicht *können* oder *noch nicht* geschafft haben. Nun aber ist das ganze Leben, also auch das menschliche, polar strukturiert, hat daher zwei Seiten. Die eine hat, schlicht formuliert, eine »negative«, die andere eine »positive« Seite. Bei vielen Zeitgenossen ist die letztere versteckt, verdrängt, scheinbar nicht mehr vorhanden – und doch bleibt uns diese menschliche Seite bis zum Tod erhalten. Man muss sie nur entdecken, danach suchen, vielleicht sogar lange suchen und nicht die Hoffnung aufgeben! Manchmal geht es nicht anders. Natürlich ist das »schwer«. Aber es geht doch um nichts Geringeres als um die Qualität Ihres Lebens! Und – wenn Sie das vorziehen – suchen Sie einen Psychologen auf.

Ihnen *bleibt,* was immer auch war, ist oder einmal sein wird, Ihre *Würde als Mensch*. Diese primäre Eigenschaft des Menschen kann Ihnen nicht verloren gehen. Ihre Würde bleibt Ihnen, auch wenn »die Welt da draußen« diese Tatsache nicht verstehen kann. Und damit bleibt Ihnen die Hoffnung, dass auch Sie sich, wie jeder andere Mensch, verändern können, wenn Sie es brauchen, wenn Sie es wollen. Und diese Hoffnung wächst in dem Maße, in dem Ihnen *aufgeht*: Meine Würde kann mir niemand nehmen! Keiner kann mich und meinen Weg beurteilen!

Sie sagen, Sie seien doch schon zu alt, um sich so verändern zu können, wie Sie es möchten. *Wer sagt denn, dass Sie es sollten oder müssten*? Sie »dürfen« bleiben, wie Sie sind. Nur eines sollten Sie tun: aufhören, sich selbst gegenüber zu verzagen, sich anzuklagen oder sich selbst abzuwerten. Ihr Lebensweg ist *Ihr* Lebensweg, niemandes sonst! Und wenn andere diese Tatsache nicht respektieren oder begreifen, so ist es an Ihnen selbst, das zu tun.

Jedenfalls gilt: Solange wir leben, wartet der Sinn darauf, von uns entdeckt und verwirklicht zu werden. Aber wenn Sie, wie Sie sagen, nur noch wenig Kraft zum Leben haben? Dann antworte ich: Niemand hat gesagt, dass Sie so leben sollten wie jene, die mehr Kraft haben. Es geht nur darum, dass Sie in den *Grenzen* Ihrer Möglichkeiten so leben, wie Sie es *verantworten* können.

Stellen Sie sich vor, Sie und ich sitzen einander in meiner Ordination gegenüber. Ich sehe, wir sind etwa im gleichen Alter. Zaghaft holen Sie ein Foto aus Ihrer Tasche. Lächelnd geben Sie mir Ihr Bild und warten gespannt auf meine Reaktion. Ein schönes Gesicht sehe ich da, zweifellos. Aber ich sehe noch etwas anderes, aus meiner Sicht etwas Kostbareres: Was ist das? Ein Mensch, den ich kein zweites Mal sehen werde. Einen einzigartigen, unverwechselbaren Menschen, der einmal sehr schön gewesen ist. Sie sehen mein Lächeln.

Nein, Ihre Skepsis entgeht mir nicht. Dann sagen Sie den Satz, den ich in den vielen Jahren meiner Arbeit mit Menschen immer wieder so oder ähnlich gehört habe: »*Ich wollte, ich hätte in meinem Leben vieles anders gemacht.*«

Ich schweige, entgegne dann: »Wissen Sie, wer in Ihnen diesen Satz jetzt sagt?«

Verständlich, dass Sie mich nicht gleich verstehen. Deshalb erinnere ich Sie an die »zwei Seelen in unserer Brust«, von denen wir früher gesprochen haben: von dem einen Bereich der Seele, der alles kaputtmachen will, – und von dem anderen, der Wohlwollen ausstrahlt, sich selbst und anderen gegenüber. Sie nicken und verstehen, dass dieser Satz wieder einmal von jener Seite stammt, die Ihnen einen geheimen, aber destruktiven Streich gespielt hat. Und die andere Stimme, auf die Sie und ich viel mehr als bisher hören sollten? Wehren Sie sie nicht gleich ab. Es braucht eine gewisse Zeit, bis sie sich bei Ihnen Gehör verschaffen kann. Vielleicht haben Sie sie schon seit Längerem vergessen, wahrscheinlich nur unbeachtet gelassen. Doch das ist gewiss: In dem Maße, in dem Sie sich dem Wohlwollen in Ihnen selbst – lassen Sie uns lieber von *der Güte in Ihnen selbst* sprechen –, zuwenden, werden Sie staunen, wie sich auch Ihr alt gewordenes Leben noch einmal ganz anders anfühlt als bisher.

Sie sollten den Ihnen entsprechenden eigenen Weg gehen!

»Wenn du zum Tor
des Lebens gelangen willst, musst du aufbrechen,
einen Weg suchen,
der auf keiner Karte verzeichnet
und in keinem Buch beschrieben ist.
Dein Fuß wird an Steine stoßen,
die Sonne wird brennen und dich durstig machen,
deine Beine werden schwer werden.
Die Last der Jahre wird dich niederdrücken.
Aber irgendwann wirst du beginnen,
diesen Weg zu lieben.
Weil du erkennst, dass es dein Weg ist.
Du wirst straucheln und fallen,
aber die Kraft haben, wieder aufzustehen.

Du wirst Umwege und Irrwege gehen,
aber dem Ziel näherkommen.
Alles kommt darauf an, den ersten Schritt zu wagen.
Denn mit dem ersten Schritt
gehst du durch das Tor.«[24]

Man sagt, vor allem die frühe Kindheit präge das spätere Leben. Das ist wohl so, denn Kinder können in der Tat auf ihr Geschick selbst wenig Einfluss nehmen. Sie wissen nicht, dass ihr Leben auch anders aussehen könnte. Sie haben keinen Maßstab, um das, was sie erfahren, selbst beurteilen zu können. Sie haben vor allem keine Macht, um das, was sie wollen, durchsetzen zu können.

Und doch: Die ersten Jahre prägen den Menschen, aber sie bestimmen nicht sein Schicksal. Sie liefern ihm viel Stoff für sein späteres Leben, doch was er daraus macht, liegt wesentlich an ihm. Die ersten Jahre müssen nicht sein ganzes Leben bestimmen. Irgendwann einmal ahnt (hoffentlich!) jeder, der über den Verlauf seines bisherigen Lebens unglücklich ist, dass die Qualität, dass Wohl und Wehe der weiteren Jahre davon abhängen, ob er sich auch künftig dem Diktat seiner Prägungen beugen – oder sich für neue Erfahrungen öffnen will.

Die Frage ist nur, ob er sich dem, was er ahnt, zuwendet. Wer sich zum Beispiel seinen eigenen Träumen zuwendet, sieht, dass sich unter den frühen Prägungen weites, unverbrauchtes Land ausbreitet, das darauf wartet, endlich erlebt zu werden. Und wer begreift, was das bedeutet, wird nicht anders können: Er wird seinen eigenen Weg gehen wollen.

Und was erlebt er da auf diesem Weg? – Er fragt danach, was seinem eigenen Profil entspricht. Er fragt, was für ihn Sinn macht. Er geht nicht mehr den Weg der anderen, sondern seinen eigenen. Er verhält sich nicht konformistisch, hat aber die Kraft, sich anzupassen, wenn die Anpassung nicht sein Inneres verletzt. Er schätzt zwar die bekannten Pfade, hat aber auch Lust, neue zu erwandern.

Wer seinen eigenen Weg geht, leidet weniger als andere unter der Angst vor einer der schlimmsten Geißeln der Menschheit, der Angst vor dem Urteil der anderen. Er wird selbstständig, eigenständig, eigenwillig, eigensinnig. Er steht auf eigenen Beinen. Er hat Stehvermögen. Er sieht auf das für ihn Wesentliche und Wichtige und entsorgt die kleinlichen Sorgen um die eigenen Bedürfnisse. Er wird erwachsen. Er will dort sein, wo er gerade ist. Er fühlt Glück. Er ist frei.

Ist das nicht zu schön, um wahr zu sein? Ist dieser Weg nicht eine Illusion, zumal in dieser Zeit? Selbstverständlich eckt der, der seinen eigenen Weg geht, manchmal an. Oft genug redet man über ihn, und keineswegs nur freundlich. Konformistisch lebende Zeitgenossen wehren sich gegen ihn, weil er sie an ihre eigene nicht gelebte Freiheit erinnert. Und nicht selten wird er so weit an den gesellschaftlichen Rand gedrängt, dass es ihm schwerfällt, seinen Weg fortzusetzen. Und doch: Weil das so ist, weil der Mensch nicht nur ein Gemeinschaftswesen ist, nicht nur einen Typus hat, sondern auch ein Original ist, verlangt sein Wesen danach, immer mehr das Ureigene aus sich heraus zu leben.

Wie wir lernen können, unseren eigenen Weg zu gehen?

- Dadurch, dass wir uns immer mehr *selbst kennenlernen,* denn dann wissen wir, dass wir neben all unseren Schwächen hinreichend Kräfte haben, die uns erlauben, Selbstvertrauen zu entwickeln und uns selbst treu sein zu können. Wir entwickeln auch ein Gefühl dafür, was es bedeutet, dass es uns nur einmal auf der Welt gibt und diese Einmaligkeit auch einen eigenen Weg verlangt.

- Durch *bewusstes Leben*. Durch die Bewusstwerdung dessen, was wir in Wahrheit wollen und was nicht. Was für uns stimmig ist und was nicht. Worin wir Verantwortung haben und worin nicht. Und sich für diese Fragen Zeit nehmen.
- Wer seinen eigenen Weg gehen möchte, muss lernen, *selbst zu denken*. Ein Beispiel von mir: Obwohl ich in meinem Studium die Inhalte sehr spannend fand, spürte ich eine zunehmende Unzufriedenheit. Wenn ich Seminararbeiten zu schreiben hatte, referierte ich mit Fleiß die Meinungen der großen Leute. Doch fragte ich mich so manches Mal, welche dieser Meinungen denn verbindlich sei. Jahre später hatte ich für meinen Lehrer Professor Frankl einen wissenschaftlichen Artikel zu schreiben. Nachdem ich ihn beendet hatte, zeigte ich ihn meinem früheren Chef an der Hamburger Universität. Als er ihn mir zurückgab, sagte er: »Gut, nur: Sie zitieren zu viel Frankl.« Dieser Satz veränderte nicht nur mein wissenschaftliches Arbeiten – er veränderte zum Teil mein Leben.

Am vorläufigen Ende dieser Entwicklung stand ein Traum, der im schönen Wien handelte und der mir erlaubte, auch meinem bis heute von mir verehrten Lehrer Frankl gegenüber meinen eigenen Weg zu gehen: Ich fuhr mit einer Kutsche, die von vier stattlichen Pferden gezogen wurde, auf eine Donaubrücke, die in der Mitte gewölbt schien. Als ich den höchsten Punkt erreicht hatte, spürte ich deutlich, dass ich vor einer lebenswichtigen Entscheidung stand: Entweder hielt ich die Pferde an, um umzukehren – oder ließ ihnen freien Lauf und fuhr in die Stadt hinein. Einen Augenblick zögerte ich. Dann schwang ich die Peitsche und die Rösser galoppierten ins Zentrum von Wien. In der folgenden Sequenz sah ich mich als Seminarleiter in einem Raum sitzen, in dem ein erfreuliches Gespräch zwischen den Studenten und mir stattfand. Der Traum wurde wahr.

Selbst denken, das hieß fortan für mich: Mir meine eigenen Gedanken zu machen über Welt, Menschen, Persönlichkeitsbildung, Therapie – Meinungen anderer zwar zu studieren, sie aber nicht selbstverständlich hinzunehmen. Ich spürte eine zunehmende Lust am Widerspruch gegen die »Großen«. Daraus entwickelte sich das Gefühl, selbst auch etwas sagen zu können. Das führte zu der Erfahrung, dass da etwas Eigenes in mir war, dem ich trauen konnte. Diese Erfahrung wiederum bewirkte eine Zunahme meines bis dahin recht brüchigen Selbstwertgefühls.

Selber denken. Nicht zu viel zitieren … den eigenen Weg gehen, sich selbst treu und daher freier, immer freier werden. Die Freiheit aber ist eine besondere Mutter des Glücks.

6. Nachwort

Wie geht es Ihnen, liebe Leserin, lieber Leser, am Ende Ihrer Lektüre? Darf ich vermuten, dass Sie auch an vieles gedacht haben, was Sie nicht in diesem Buch gefunden haben? Darf ich (etwas hochtrabend) sagen, das ist nun wieder einmal ein Sinnbild für unser vollkommenes Leben. Lange Jahre hatte ich große Mühe, diese Tatsache zu akzeptieren. Inzwischen denke ich darüber etwas anders, nicht immer, aber immer öfter: Vielleicht ist das unsere wichtigste Aufgabe im Leben – das Leben zu akzeptieren, wie es ist und wie es auf uns zukommt. Das wäre zwar kein vollkommenes Leben, vielleicht aber ein volles: alles, was ist, was war und was kommt, anzunehmen, in allem nicht nur irgendein, sondern *mein* Leben zu sehen, in allem, was mir begegnet, Möglichkeiten zu suchen, die mich berühren und lebendiger machen könnten, in allem Sinn zu ahnen. Das wäre ein volles Leben: nicht ständig woanders als hier und jetzt nach Glück zu fahnden, an diesem Tag, in dieser Stunde sich des Sinns und des Glücks bewusst zu sein, vor nichts mehr auszuweichen.

Was wäre denn die Alternative? Auszugrenzen, abzusondern, auszuscheiden, wegzuwerfen, was nicht zu unseren Vorstellungen zu passen scheint – und was wir vielleicht dringend bräuchten, um eine bunte und kraftvolle Persönlichkeit werden zu können.

Ob so zu leben schwer ist oder leicht? Das hängt davon ab, ob mir aufgegangen ist, dass ich nur dieses eine Leben habe, dass so zu leben nicht gelingt, wenn ich immer nur darüber nachdenke, warum ich bisher nicht so gelebt habe. Irgendwann muss es brennen in uns. Brennen? Mit Leib, Herz und Geist erleben, erfahren, begreifen, dass nur die Annahme des ganzen Lebens, des jungen, späteren oder alten Lebens zu einem vollen Leben führen kann.

Ich hatte einen mir in dieser Weise ungewohnten Drang, dieses Buch zu schreiben. Gern hätte ich Stunden in der Akademie ausfallen lassen (obwohl ich so gern an diesem Ort arbeite). Der Drang war offensichtlich in der immer stärker Gestalt annehmenden Gewissheit begründet, dass ich auch meinem eigenen Lebenslauf ganz nahe war und doch über mich selbst hinaus denken musste und wollte. Denn wir leben nie allein von dem, was wir selbst wissen, sondern immer auch von dem, was uns das große Leben zuteil werden lässt.

Was habe ich selbst vor allem aus der Zeit meines Schreibens mitgenommen? Eine zunehmende Furchtlosigkeit gegenüber der Zukunft und eine noch stärker gewordene Liebe zum gegenwärtigen Leben.

Sie, liebe LeserInnen, werden verstehen, dass manches, was Sie in diesem Buch finden, aus der langjährigen Lebens-, Partnerschafts- und Berufserfahrung erwachsen ist und deshalb vielleicht in Teilen so oder ähnlich schon einmal von mir zu früheren Zeiten gesagt worden ist. Ich bin immerhin inzwischen 77 Jahre alt!

Und doch ist dieses Buch neu, weil meine eigene Lebenswelt als älter gewordener Mensch für mich selbst auch eine ganz neue Erfahrung ist! Dieses neue Buch handelt von Gedanken, Einsichten und Erfahrungen, die vor allem die zweite Lebenshälfte betreffen, doch im Grunde behandeln sie das ganze Leben …

Ich danke herzlich meinem Verleger, Herrn Dr. Hannes Steiner, der mir die Möglichkeit gab, dieses Buch schreiben zu können. Nicht weniger danke ich meinem Berater, Herrn Klaus Altepost, für seine wichtigen Hinweise. Wie jedes Mal bin ich meiner

Frau gegenüber voller Dankbarkeit für ihre wohlwollend-kritischen Anmerkungen und die Art, wie sie mich während der ganzen Zeit der Arbeit am Buch begleitet hat. Und schließlich danke ich Ihnen allen, liebe Freunde und Wegbegleiter, liebe Leserinnen und Leser, denn ohne das ganze Leben mit Ihnen, die vielen Gespräche und Momente des Zuhörens wäre dieses Buch niemals so gewachsen, wie es in einem langen Leben gewachsen ist. So danke ich allen – und freue mich mit allen auf die nächsten Jahre … als älter gewordener Mensch!

Anmerkungen

1 Ursula Gräfe (Hg.): *Man braucht ein ganzes Leben, um jung zu werden.* Berlin 2010.

2 Aljoscha A. Schwarz / Ronald P. Schweppe: *Die philosophische Hausapotheke.* München 1999, S. 72.
Siehe dazu auch: Petra Müller und Rainer Wieland (Hg.): *Die Jahre sind mein Lebensglück. Schriftsteller über das Alter.* Berlin 2008.
Sowie: Harald Wenzel-Orf: *Mit hundert war ich noch jung. Die ältesten Deutschen.* München 2000.

3 Siehe dazu das Buch: Sonja Schiff: *10 Dinge, die ich von alten Menschen über das Leben lernte. Einsichten einer Altenpflegerin.* Wien 2015.

4 Viktor E. Frankl: *Bergerlebnis und Sinnerfahrung.* Innsbruck 2008.

5 Uwe Böschemeyer: *Warum es sich zu leben lohnt.* Salzburg 2010, S. 61 ff.

6 Jörg Zink: *Atem der Freiheit. Vom Leben im Offenen.* Stuttgart / Zürich, S. 59.

7 Bernie Siegel: *Prognose Hoffnung. Liebe, Medizin und Wunder.* Berlin 2008.

8 Uwe Böschemeyer: *Unsere Tiefe ist hell. Wertimaginationen – Ein Schlüssel zur inneren Welt.* München 2014.

9 Ulrich Hommes: *Dem Leben vertrauen. Woran man sich halten muß, damit es gut ist dazusein.* Freiburg, Basel, Wien 1982, S. 136.

10 Carl Gustav Jung: *Ein großer Psychologe im Gespräch. Interviews, Reden, Begegnungen*. Freiburg i. Br. 1994, S. 300 f.

11 Viktor Frankl: *Der Mensch auf der Suche nach Sinn*, Wien 1972.

12 Sonja Schiff: *10 Dinge, die ich von alten Menschen über das Leben lernte. Einsichten einer Altenpflegerin*. Wien 2015, S. 144.

13 Josef Rattner: *Menschenkenntnis durch Charakterkunde*. Hamburg 1983, S. 362 ff.

14 Antoine de Saint-Exupéry: *Bekenntnis einer Freundschaft*. Berlin 2016.

15 Jörg Zink: *Ufergedanken*. Gütersloh 2007, S. 138–141.

16 Christiane Singer: *Zeiten des Lebens. Von der Lust, sich zu wandeln*. München 1991, S. 141.

17 Ebd.

18 Tilman Jens: *Demenz. Abschied von meinem Vater*. München 2010, S. 129 ff.

19 Eleonore von Rotenhan: *Paradies im Niemandsland. Alzheimer. Eine literarische Annäherung*. Stuttgart 2009.

20 Barbara Stöckl: *Wofür soll ich dankbar sein?* Salzburg 2012, S. 31.

21 Christiane Singer: *Alles ist Leben. Letzte Fragmente einer langen Reise*. München 2008.

22 Martin Buber: *Vielleicht*. In: *Sinnspuren*. Hrsg. v. Ludger Hohn-Kemler. Freiburg i. Br. 1989, S, 117.

23 Johannes XXIII.: *Mit Güte und Klugheit*. München 2010, S. 95.

24 Wolfgang Poeplau / Conrad Contzen: *Geh durch das Tor zum Leben*. Freiburg i. Br. 1983, S. 4.

Literatur

Buber, Martin: *Vielleicht*. In: *Sinnspuren*. Hrsg. v. Ludger Hohn-Kemler. Freiburg i. Br. 1989.

Frankl, Viktor E.: *Ärztliche Seelsorge. Grundlagen der Logotherapie und Existenzanalyse,* 4. Auflage. München 2013.

Frankl, Viktor E.: *Bergerlebnis und Sinnerfahrung*. Innsbruck 2008.

Hommes, Ulrich: *Dem Leben vertrauen. Woran man sich halten muß, damit es gut ist dazusein*. Freiburg, Basel, Wien 1982.

Johannes XXIII.: *Mit Güte und Klugheit. Hundert Worte von Johannes XXIII*. München 2010.

Jens, Tilman: *Demenz. Abschied von meinem Vater*. München 2010.

Jung, Carl Gustav: *Gesammelte Werke,* Band 11. Olten 1971.

Jung, Carl Gustav: *Bewusstes und Unbewusstes*. Frankfurt a. M. 1972.

Küng, Hans: *Erlebte Menschlichkeit. Erinnerungen*. München 2013.

Küstenmacher, Werner Tiki / Küstenmacher, Marion: *100 Gründe, warum es sich lohnt zu leben*. München 2003.

Gräfe, Ursula (Hg.): *Man braucht ein ganzes Leben, um jung zu werden*. Berlin 2010.

von Rotenhan, Eleonore: *Paradies im Niemandsland. Alzheimer. Eine literarische Annäherung*. Stuttgart 2009.

Schwarz, Aljoscha A. / Schweppe, Ronald P.: *Die Philosophische Hausapotheke. Rezepte und Strategien von Konfuzius bis Schopenhauer*. München 1999.

Schiff, Sonja: *10 Dinge, die ich von alten Menschen über das Leben lernte. Einsichten einer Altenpflegerin*. Wien 2015.

Singer, Christiane: *Zeiten des Lebens. Von der Lust sich zu wandeln*, 2. Auflage. München 1992.

Singer, Christiane: *Alles ist Leben. Fragmente einer langen Reise*. München 2008.

Zink, Jörg: *Atem der Freiheit. Kleine spirituelle Bibliothek*, Band 5. Freiburg i. Br. 2002.

Zink, Jörg: *Ufergedanken*. Gütersloh 2007.

Auswahl der Literatur von Uwe Böschemeyer

Sich selbst bejahen. Hamburg 2002.

Die Sprache der Träume. Hamburg 2002.

Sinn für mein Leben finden. Hamburg 2002.

Die Kraft deiner Gedanken. Hamburg 2002.

Gespräche der inneren Welt. Hamburg 2006.

Gottesleuchten. Begegnungen mit dem unbewussten Gott in unserer Seele. München 2007.

Vertrau der Liebe, die dich trägt. Von der Heilkraft biblischer Bilder. München 2009.

Du bist viel mehr. Wie wir werden, was wir sein könnten. Salzburg 2010.

Warum es sich zu leben lohnt. Salzburg 2010.

Du bist mehr als dein Problem. Uli – eine ungewöhnliche therapeutische Begegnung. München 2010.

Machen Sie sich bitte frei. Entdecken Sie Ihre Furchtlosigkeit. Salzburg 2012.

Das Leben meint mich. Meditationen für den neuen Tag. Ein Jahrbuch, 6. Auflage. Hamburg 2012.

Begeisterung fürs Leben. Hamburg 2013.
Worauf es ankommt. Werte als Wegweiser, 8. Auflage. München 2014.
Unsere Tiefe ist hell. Wertimagination – ein Schlüssel zur inneren Welt, 6. Auflage. München 2014.
Warum nicht. Über die Möglichkeit des Unmöglichen, 2. Auflage. Salzburg 2014.
Weil ich es dir nicht sagen konnte. Vom Schatten des Schweigens zur befreienden Wahrheit. Salzburg 2015.
Neu beginnen! Aber wie? Konkrete Wege zu einem anderen Leben. Hamburg 2016.
Das Leben meint mich. Meditationen für den neuen Tag. Ein Jahrbuch, 7. Auflage. Hamburg 2016.

Informationen

Weiterführende Informationen zur SCHULE DES LEBENS nach Uwe Böschemeyer® erhalten Sie im Institut für Existenzanalyse und Logotherapie Salzburg. Diesem Institut ist die Europäische Akademie für Wertorientierte Persönlichkeitsbildung angeschlossen.

Getreidegasse 31
A-5020 Salzburg
E-Mail: office@boeschemeyer.at
www.boeschemeyer.at

Die SCHULE DES LEBENS nach Uwe Böschemeyer® umfasst die

- Ausbildung zum *Mentor/zur Mentorin* für Wertorientierte Persönlichkeitsbildung WOP® = Logotherapeutisches Präventionskonzept
- Wertorientierte Persönlichkeitsbildung in der Praxis (»kleine« Schule des Lebens)
- Supervision
- Fortbildung und Studientage
- Sinnerfahrungsgruppen
- Einzelsitzungen

INSTITUT FÜR EXISTENZANALYSE UND LOGOTHERAPIE

- Fortbildung in Wertimaginativer Logotherapie
- Supervision
- Einzeltherapien

Leitung: Prof. Dr. Uwe Böschemeyer und Mitarbeiter

Hamburger Akademie für
Wertorientierte Persönlichkeitsbildung
Friedrich-Legahnstraße 2
D-22587 Hamburg
E-Mail: sekretariat@boeschemeyer.de
www.boeschemeyer.de
www.corinna-boeschemeyer.de